贝页
ENRICH YOUR LIFE

明星基金经理败走记

〔英〕大卫·里基茨（David Ricketts）著　刘沅琪　译

文匯出版社

图书在版编目（CIP）数据

明星基金经理败走记 /（英）大卫·里基茨（David Ricketts）著；刘沅琪译 .
—上海：文汇出版社，2022.4

ISBN 978-7-5496-3759-1

Ⅰ.①明… Ⅱ.①大… ②刘… Ⅲ.①尼尔·伍德福德–传记 Ⅳ.① K835.615.34

中国版本图书馆 CIP 数据核字（2022）第 048157 号

明星基金经理败走记

作　　者 /〔英〕大卫·里基茨
译　　者 / 刘沅琪
责任编辑 / 戴　铮
封面设计 / 汤惟惟　孙福培
版式设计 / 汤惟惟
出版发行 / 文匯出版社
上海市威海路 755 号
（邮政编码：200041）
印刷装订 / 上海颛辉印刷厂有限公司
版　　次 / 2022 年 4 月第 1 版
印　　次 / 2022 年 4 月第 1 次印刷
开　　本 / 889 毫米 ×1230 毫米　1/32
字　　数 / 117 千字
印　　张 / 7.5
书　　号 / ISBN 978-7-5496-3759-1
定　　价 / 52.00 元

谨以此书献给塔拉、奥尔拉以及丹尼尔

"未来几十年我会一直坚守在这里。作为一名基金经理，好戏还在后头。"

——尼尔·伍德福德，2014 年[1]

目录

序　章

天旋地转[1]

两小时通牒

尼尔·伍德福德即将开启最糟糕的一周。

2019年6月3日上午6时左右，声名赫赫的英国基金经理尼尔·伍德福德，到达了以其名字命名的“投资帝国”总部，地址位于盖辛顿路一个毫无生气的商业园，距离牛津市中心大约十分钟车程。

从科茨沃尔德的家中来到这里耗时一个小时。到达后，五十九岁身材敦实的伍德福德停好他那辆黑色顶级

[1]本书各章正标题均取自伍德福德所喜爱的齐柏林飞艇乐队的歌曲名——译者注（以下页底注均为译者注）

奥迪车，几步路便走到一幢三层玻璃幕墙大楼的入口处。此时他还不知道，几个小时后，他的人生将发生戏剧性转折。

伍德福德，这位英国投资管理行业曾经的代表人物，那天早上心事重重。他的旗舰投资基金[1]表现每况愈下，彼时最大的客户之一就要离场，而他还没有为接下来的“山雨欲来风满楼”做好准备，他的事业将因此前路未卜，而其作为英国最受尊崇投资者之一的地位也可能不保。为此，他整个周末都心神不宁。

两年前的巅峰时期，伍德福德股权收入基金一度是英国销量最好的投资产品，资产规模增长至超过 100 亿英镑。一大批个人储户和投资大亨趋之若鹜，纷纷抢购，在此之前，他们已经密切关注伍德福德二十多年了。2014 年 6 月发行的股权收入基金可谓英国历史上最成功的案例。各路财经媒体、线上投资平台以及经验丰富的市场专家对伍德福德的基金大加褒奖，此后，成千上万的普通投资者也想从中分一杯羹，投入了大量资金。

[1] 书中“旗舰投资基金”“规模最大的基金”“重磅基金”均指“股权收入基金”。

短短一年后，股权收入基金表现强势，收益率达17.9%，轻松跑赢大市和行业基准。[2] 伍德福德的重磅基金回报丰厚，投资者不断蜂拥而至。他的业绩纪录足以说明一切，近三十年职业生涯的成功为他积累了大量粉丝。他受到了摇滚巨星一般的对待，过着上流生活，坐拥一支跑车车队，他甚至还有一个配备着马厩的庞大庄园，只为满足他对骑马的喜好。

伍德福德曾被称为“不断电的赚钱机器”。若投资者在1988年他效力于景顺基金（总部位于美国的大型投资管理公司）时投入1万英镑并坚定持有，那么这笔资金在他创办新公司的头一年便会暴涨至30.9万英镑。[3] 伍德福德甚至还捧得了英国皇家特批印章。2013年，他在英国女王寿诞表彰会上摘获经济贡献荣誉，并被授予“大英帝国司令勋章”（CBE）。在白金汉宫举办的隆重典礼上，他从威廉王子手中接过了奖章。

理论上，伍德福德的业绩和荣誉是任何投资者都难以忽视的。但是离开景顺基金成立伍德福德投资管理公司五年后，形势大为逆转，英国投资者的选择变成了美国传奇投资者沃伦·巴菲特。当时，伍德福德押注的一系列公司接连遭受盈利预警，给他的表现泼了一盆冷水，一大批紧张不安的散户纷纷止损，迅速离场。到了2019年6月，伍德福德似乎丧失了点金术。股权收入基金的资产从最高点跌至37亿英镑，比腰斩还低。

不过，大部分客户依然支持伍德福德，他们坚信他能扭转乾坤。伍德福德压力巨大，他得向余下的投资者保证自己最成功的基金仍在掌控之中。然而，屋漏偏逢连夜雨，更糟糕的事情还在后头。

肯特郡议会是伍德福德最大的投资者之一，其代表10万多名养老金计划成员，将2.4亿英镑资金投资于股权收入基金中。该议会与伍德福德的合作由来已久，可以追溯到他还在景顺当明星基金经理的鼎盛时期。肯特郡议会就像一个忠诚的朋友，在伍德福德表现不佳的这段时间里一直不离不弃。但是现在看来，这种对忠诚的考验似乎有点过于严酷了。

2019年6月3日之前的数月里，股权收入基金接连不断地收到投资者撤资的要求。面对汹涌的赎回潮，这位焦头烂额的基金经理不得不抛售部分重仓股，以筹措每月需偿还投资者的数亿英镑资金。此次提现规模十分惊人，并且速度在不断加快，但是至此，伍德福德仍能掌控局面，跟上节奏。根据晨星公司（一家追踪基金投资者资金动向的公司）的数据，2017 年上半年，投资者从股权收入基金中撤资的金额略超 1 亿英镑，但 2018 年同期，这个数字激增至近 15 亿英镑。

为偿还想要出局的投资者，伍德福德抛售了一部分规模最大、质量最高的公司股票，这意味着基金中持有的一些非上市资产的权重变得越来越大。随之而来的，是情况越来越糟糕，因为随着投资者不断离开，就需要从这些更难出售的资产中套现，就这样，基金来到了危机关头。

开始抛弃伍德福德的不止是普通储户。将上亿英镑资金交给这位基金经理打理的机构投资者也信心渐失。2017 年末，朱庇特基金管理公司（位于伦敦的大型资产管理公司）从股权收入基金中撤回了 3 亿英镑投资，与伍德福德长达 20 年的合作关系就此宣告结束。英杰华集团（英国保险巨头）也于同年抛弃了伍德福德，收回了 3 000 万英镑。

伍德福德一部分最高端的客户正在以惊人的速度流失。眼看投入的资金两年内急剧缩水了近 8 000 万英镑，肯特郡议会也失去了耐心。[4]

和成千上万早已离场的普通储户一样，总部位于梅德斯通的肯特郡议会正准备向伍德福德发出正式警告。但是，他们和伍德福德都没有料到这一重磅公告将会引起的连锁事件。

2019 年 5 月 31 日周五的这天下午，肯特郡议会金融服务负责人尼克·维克斯告知伍德福德团队，当地政府的养老基金委员会成员想要撤回投资。肯特郡当时有两个选项。一是几个月内分次逐步退出基金，这一举措可以给伍德福德一丝喘息的空间，让他能跟上其他投资者不断增加的赎回要求。肯特郡养老基金的另一个选项是“实物转让”，也就是说可以将股权收入基金中与其投资规模相匹配的资产直接转让给肯特郡议会，这样一来，伍德福德便不必为了筹措现金而卖掉持有的股票了。

伍德福德团队与肯特郡议会预定于 6 月 21 日召开会议，为了这场艰难的散伙谈判，伍德福德团队紧锣密鼓地准备着。但是，这场会议永远也不会举行了。

6 月 3 日上午，伍德福德团队——包括合规部负责人克里斯·马丁、首席执行官克雷格·纽曼以及信息技术部负责人保罗·格林——聚集在董事会议室准备与领克基金解决方案公司（Link Fund Solutions，负责监督管理伍德福德的股权收入基金）召开例行电话会议。上线的还有北方信托银行（总部位于美国，负责确保股权收入基金投资者的资产安全）的代表。上午 9 点半，电话接通了。领克的总经理卡尔·米德的声音充斥着整个房间。关于如何处理肯特郡的即将退出，伍德福德团队和领克详细讨论了各种方案，然而一切都是徒劳。

就在通话期间，肯特郡议会传来消息，正式确认欲彻底清仓股权收入基金，并立即赎回资金。这是终局决定。

而那时，伍德福德正在经受更具毁灭性的打击。上午 11 时，领克召开董事会议后，决定暂时关闭股权收入基金。英国金融行为监管局将于 11 时 30 分获知这一决定，而仅仅两个小时之前，伍德福德和领克才刚刚开始电话会议，商议如何处理肯特郡议会即将退出之事。

领克暂时关闭基金的决定令伍德福德团队措手不及。这绝不是他们期待的行动方案。领克紧急起草了一项声明向记者们解释这一决定，伍德福德团队也为即将到来的媒体的狂轰滥炸做好了准备。当天下午领克发布的官方声明称，将基金暂时关闭，这符合投资者的最佳利益，且此举能让伍德福德有充足的时间进行组合调仓，配置流动性更好的股票。

股权收入基金投资于住房建筑商泰勒·温佩公司和巴莱特开发公司等主流企业，但同时也大量配置了未在股市公开交易或出售所需时间更长的企业。领克告知投资者，暂时关闭基金的决定将在 28 天内进行审核。但他们的措辞一点也没能安抚到震惊的投资者，这些投资者发现自己被套牢在基金中，存款也取不出来了。

2019 年 6 月 3 日，保罗·麦金纳尼在和兄弟通电话时，得知了伍德福德股权收入基金被暂时关闭的消息，他投资的 2.8 万英镑被套牢了。和千千万万其他个人投资者一样，这位来自肯特郡的前金融服务专家，使用了英国最大线上投资平台之一的哈格里夫斯·兰斯多恩公司，股权收入基金自发行以来就得到了该平台的鼎力拥护。

伍德福德在景顺基金的辉煌生涯里拥有一大批追随者，麦金纳尼就是其中之一。伍德福德离开景顺成立自己的基金管理公司时，他的连胜纪录足以说服麦金纳尼继续追随他。

“我听到他要离职创业那会儿，他几乎从未失过手。他可是金牌基金经理，”麦金纳尼说道，“就好像如果一个足球经理人带领一支队伍赢了足总杯，然后，他要去率领另一支队伍，你就会觉得他们也能踢得很好。”

但很快麦金纳尼便明白了，伍德福德没能创造在前东家时期实现的丰厚收益。50 岁的麦金纳尼通过自助投资个人养老金账户以及个人储蓄账户投资了伍德福德股权收入基金。基金暂时关闭的前一年，业绩已经明显开始波动，自那时起麦金纳尼便密切关注着其表现。他没有止损，而是继续跟随伍德福德，他深信伍德福德能够扭转败局。另外，哈格里夫斯·兰斯多恩公司在其“财富 150”清单中继续推销股权收入基金，这也令麦金纳尼坚定了选择，毕竟这是平台依据内部研究挑选出的最佳投资基金名单。

“尽管大家都在撤资，我依然持乐观态度。我在想，多给他点时间吧。”麦金纳尼说。基金暂时关闭的消息令他大吃一惊。“我的第一个念头是：会冻结多久？我知道有些资产流动性不太好，所以我在想什么时候才能把钱拿回来。”

麦金纳尼的故事与无数其他储户所讲述的故事如出一辙，他们也在伍德福德受到哈格里夫斯·兰斯多恩公司的盛情支持后，虔诚地把钱交给了他。比如丹尼丝·吉尔里，伍德福德的基金刚刚发行时，她就将 3.8 万英镑委托给了他，基金暂时关闭的消息令她大跌眼镜。还有63岁的丹尼丝，在选择伍德福德的基金前，她亲自对伍德福德进行了细致的背景调查，并且看到哈格里夫斯·兰斯多恩公司的推荐基金名单里，股权收入基金赫然在列。“他的资历似乎很优秀，在景顺表现得很好，备受好评，这就是为什么我会投他的基金。”这位曼彻斯特的临床研究人员说道。

吉尔里的投资刚开始回报颇丰，伍德福德早期表现优异的时候曾一度涨至4.6万英镑。但当原始投资额价值暴跌后，她对这位基金经理的赞赏之情迅速转变。“我原本以为这是市场的常态，觉得它迟早会涨回来的。那时我想不能取出来，因为一定会好起来的，如果取出来就亏大了。结果还没等我反应过来，钱就已经被冻结了。”吉尔里说道。

吉尔里存下这笔钱原本是用来扩建房屋的，这样一来她不得不向银行贷、找亲戚借，才能筹到这笔钱。“我很气愤，”她说，“伍德福德太狂妄了，他没有免收管理费，反而大捞了一笔[1]。必须要追究他的责任。”

---

[1]此处是指股权收入基金关闭期间伍德福德仍然收取管理费。

自2019年6月关闭以后，伍德福德的股权收入基金再也没有重新开放。

相反，冻结基金的决定引发了一系列灾难性的连锁事件，最终终结了这位英国最富盛名选股专家之一的职业生涯，并深深撼动了投资行业的核心。

当伍德福德在2014年巅峰时期离开景顺基金时，难以想象他的惊人败落。那时人们普遍相信，英国业绩最好的基金经理从大公司的限制中解放出来了，他一定能在自己的机构中大施拳脚，按照他自己的方式去投资。但伍德福德辜负了这样的高期望，他的生意以最壮观的方式土崩瓦解了。

2019年发生的事件揭露出一些投资平台和金融专家们不光彩的一面，即便市场已经浮现出对股权收入基金管理方式的担忧，而且警示信号两年前即已出现，但他们依然持续拥护着伍德福德。

如今，我们仍能感受到伍德福德败落带来的全面影响，而此事件也将载入史册，成为英国基金管理史上最大的丑闻之一。现在，投资者不禁要问：这会是最后一次吗？旧戏还会重新上演吗？

本书讲述的就是尼尔·伍德福德大起大落的惊人故

事，他曾赢得数百万普通群众的信任和存款，却又以最戏剧的方式落得人财两空。这场戏剧的某些片段已经在媒体广为流传，但本书首次深度探索了这个在整个金融界仍产生着巨大冲击的传奇故事，呈现了其中许多全新的、意想不到的，甚至有时候令人困扰的一面。

这个故事讲述了基金管理行业曾经的英雄，如何变成反派角色，如何令投资者困在他那规模最大、销量最好的基金中，却不断从他们那里捞取上百万英镑管理费；也讲述了金融监管机构本应将投资者利益放在核心地位，却未能及时对警示信号作出反应，并制止伍德福德以及那些他旗下规模数十亿英镑基金的监管者们。

但这个故事最重要的是，讲述了一个依靠高超投资技能积累巨额个人财富的人，是如何过于相信自我炒作，并最终付出了惨痛代价的。

有时欢喜有时忧

第一章 少年伍迪

一

就像是命中注定一样，现在的他几乎伸手就能触摸到云彩。引领他来到这里的，是多年的课外训练和少年时代的梦想。但更重要的是，这是流淌在他血液里的信仰。他的父亲曾在二战时期冲上云霄，并得以幸存下来，向他讲述自己的故事。那些故事在年幼的尼尔·伍德福德内心深处燃烧起了熊熊火焰。

那团火焰最终驱使他来到了英国皇家空军美仁山基地，这是坐落于肯特郡北部丘陵顶部的一个废弃战斗机存放地，此处是曾让人引以为豪的“喷火战斗机”（Spitfires）的大本营（附属小教堂外没有圣徒塑像，而是一架原大的“喷火战斗机”模型）。而如今，在这个驻地更常听到的是轻型休闲飞机发出的蜂鸣声。

此时，伍德福德已经加入航空训练总团梅登黑德155中队多年了。这位少年每周参加两次会议，召开地点是一个瓦楞屋顶的小木屋，这里也被兼用作耶和华见证人[1]和地方童子军团[2]的基地。在这里，除了培养对皇家空军事业的兴趣以外，小学员们还开展射击、气垫船制造和滑翔等活动。其中一次会议时，伍德福德学员还被绑在了战斗机的弹射座椅上。

现在，这个身强体壮的高中生[3]乖乖坐着等待着结果，他标志性的橄榄球般扁平的耳朵上，顶着一头厚厚的毛毯似的棕色卷发。

当然，航行测试并非加入英国皇家空军的正式申请。要想加入，还必须通过一系列能力倾向测试，这些评估是为了让立志成为飞行员的人，了解自己是否具有成为成熟飞行学员的基本技能。皇家空军还向航空训练总团的成员提供了申请飞行奖学金的机会，也就是说，这些毕业生在暑期考取私人飞机驾驶执照的费用可以由它们承担。

伍德福德和梅登黑德中队的另外四名成员一起拜访

---

[1]耶和华见证会是基督教新教边缘教派之一，19世纪末创立于美国。

[2]英国有很多地方童子军组织，跟过去要上战场的童子军不同，那时主要以锻炼身体、磨练意志为主。

[3]此处原文为“sixth-former”。英国中学一般为3—2—2学制：第一阶段的三年相当于初中，第二阶段的两年相当于高一、高二，第三阶段的两年是高考前的阶段，分别是sixth-former、seventh-former。

了皇家空军基地。现在结果张榜公布了，对一些人来说是好消息，而且是相当好的消息：中队里有四人获得了奖学金。

只有一个人榜上无名。霎时间，他指尖的云彩似乎变得前所未有地遥不可及。伍德福德通过了航行测试，但飞行员能力倾向测试的结果就另当别论了。考官告诉他，他的主要问题是反应速度实在是不够快。[5]

1960 年 3 月 2 日，尼尔·罗斯·伍德福德出生于伯克郡的一个叫库克姆的上层村庄，他是家里的第二个孩子，母亲帕梅拉是一名理发师，父亲维克托是一家出版印刷公司的老板。库克姆位于泰晤士河畔，二十世纪 60 年代，它被视为典型的英国村庄，而最有名的是它与英国画家斯坦利·斯宾塞的渊源——这位画家 1891 年出生在这里。

1952 年 9 月 27 日，伍德福德的父母在斯劳的圣劳伦斯教堂完婚，他们的大儿子西蒙 6 年后出生。[6] 虽然成长于小康地区，但是伍德福德和他家人的生活绝对称不上富裕。“日子虽然挺紧的，但还过得去。”2015 年伍德福德在接受《泰晤士报》采访时说道。[7]

伍德福德一家居住在一栋三房半独立式住宅，这里可以俯瞰库克姆的韦斯特伍德格林。他们在村庄社区很活跃。1971 年，尼尔和哥哥主演了由库克汇演协会委托制作的儿童歌剧《蜘蛛猴金大叔》，这个故事讲的是在一个遥远的国度，一个冒充国王的年轻人靠着变身成蜘蛛和猴子的能力骗过了所有人，把智慧的老国王赶下了台。尼尔饰演了一对双胞胎中的其中一个，西蒙则担任了一个合唱的角色。[8]

伍德福德在学业上天赋异禀，完成功课毫无问题。在库克姆的英国圣三一教堂上完小学后，他通过了 11+[1] 考试，于 1971 年 9 月考入了附近的梅登黑德语法学校，该校共招收了 150 名男孩。管理学校的是校长 L. C. 雷诺兹，学生们亲切地叫他“埃尔茜”。雷诺兹同时也是一名地方治安法官和首席球探。他纪律严明，对梅登黑德的男孩们抱有极高的期待。有一次，他在每年一度的学校演讲日上说：“我认为，不论年龄多大，能力怎样，个人和团体都要追求卓越表现，在所有层面都要精益求精。”[9]

这个学校就是后来著名的德斯伯勒学院，伍德福德

[1]“11+”是英国小学生在六年级初（秋季）参加的小升初入学考试。

被其列入了杰出学生名单。同为“老梅登黑德人”的，还有真人秀《龙穴》中的明星彼得·琼斯、作家尼克·霍恩比以及《歌剧魅影》的作词人查尔斯·哈特。被同窗们叫做“伍迪”的伍德福德和盖伊·弗莱彻（后来成为了恐怖海峡乐队的键盘手）是同年级的同学。（伍德福德自称是埃里克·克拉普顿和齐柏林飞艇乐队的乐迷。）

第一年，梅登黑德的学生们会按照姓氏分成五个班。伍德福德很快被认定为尖子生。第二年他被安排在了“A班”，在这里他被逼着考出最好的分数。讨喜、好学，在许多方面伍德福德都是一个理想的学生。五年级时，他凭借对学校作出的多方位贡献被授予了家长协会奖。

除了功课以外，伍德福德在体育运动方面也十分出色，尤其是橄榄球，直到今天，他都保持着对橄榄球的热爱。他在学校第一届六年级曲棍球队中打中锋位置。在单人项目上他同样表现出色。他肩膀强壮，挥臂迅速，短距离奔跑爆发力强，天生就是做标枪运动员的材料。后来，二十世纪七十年代末，他成为了伯克郡校园标枪赛的冠军，这项成就为他赢得了入围全英田径锦标赛的资格。

伍德福德在校期间的第一份工作是在比切姆公司的

一个工厂里清洗机器，该工厂在梅登黑德附近。[10]但是航空事业才是他一直以来的宏图大志。随着儿时的飞行梦破碎一地，伍德福德走上了完全不同的职业道路。他从云端探出头来，看向了土地，去埃克塞特大学学起了农业经济学。

1981年，伍德福德大学毕业。彼时，英国的失业率上升到了二十世纪30年代以来最糟糕的水平，民众日益高涨的不满情绪和越来越深的贫困程度引发了全国暴乱，尤其是在利物浦的托克斯泰斯和伦敦的布里克斯顿。那段时间，伍德福德在哥哥伦敦公寓的地板上过夜。后来，他找到了一份在商品公司做行政文员的工作，这份差事没能带给他丝毫满足感。（后来他回忆说："简直是枯燥乏味，无聊透顶"。[11]）

伍德福德第一份正经的资金管理工作是1981年在道明保险公司谋得的，他的职责是给基金经理比尔·塞登做助理。塞登后来当上了这家保险公司的总裁。在塞登的记忆里，伍德福德是一个认真负责的实习生，主要工作是学习公司分析的基础知识以及培养良好的投资嗅觉。这是伍德福德向基金经理这条职业道路迈出的第一步。

由于塞登负责监督道明保险公司的整个投资组合，因此，伍德福德的这个岗位让他得以在管理现金、债券和股票配置方面打下了良好的基础。不过，他身上并没有明显的做资产管理的闪光点。“说实话，他没有让我觉得‘天呐，这是下一个沃伦·巴菲特’，”塞登说，“他只是按要求做事，我不在的时候，就由他处理。”

在道明工作短短两年多后，伍德福德便跳槽去了里德养老基金担任英国股票分析师，在这里，他充分运用了在塞登手下工作时积累起来的知识。到了二十世纪八十年代中期，伍德福德开始在伦敦金融城初试牛刀，而那时，金融城正处在一场巨变的前夕。玛格丽特·撒切尔正要进行一场前所未有的放松管制计划，也就是著名的“金融大爆炸”，旨在帮助伦敦更有效地与世界其他主要金融中心竞争。不过，伍德福德最令人印象深刻的工作换动还是他跳槽去信托储蓄银行（最早是邓弗里斯郡的一个地方储蓄银行）的那一次。

二

按流程要先进行面试，然后是测试。想要在面试时留下好印象绝非易事，毕竟这是一家颇有野心的公司。

但如果测试没有通过，面试得再好也没用。不幸的是，通过测试尤其困难，因为面试者永远意识不到他们正在接受测试，而且机会只有一次。

那时，尼尔·伍德福德25岁，他坐在位于伦敦金融城中心牛奶街的信托储蓄银行的前台接待处，等待着面试。那一年是1986年，英国大多数办公室都有一个在当时几乎没人会注意到，但如今几乎没人会相信的特点：人们可以随意在办公桌前抽烟，而且这种行为相当普遍。齐普赛街、沼泽门和伦敦墙广场[1]的办公室窗户后面，空气中弥漫着登喜路、乐富门、骆驼和另外几十种香烟的缭绕烟雾，而后来，伍德福德将别人的钱投入这些公司，豪赚了几百万英镑。

然而，信托储蓄银行的窗户后面却是另一番景象。这里的主管们奉行着一条“潜规则”，而要想有效执行“潜规则”，就得另辟蹊径。

这条“蹊径”便是暗中试探。

一名来自东伦敦、性格活泼的30岁女性，向年轻的伍德福德走来。他并不知道这位女士就是战略规划部

[1]齐普赛街、沼泽门和伦敦墙广场均为伦敦市中心办公大楼聚集地。

总监伊恩·马歇尔的私人助理，而那正是他申请的初级分析师职位所在的部门，且这位女士很快就将升级为更重要的人物。她的名字叫乔·马伦。乔向伍德福德打了招呼。伍德福德很放松，并且彬彬有礼。他的自信和言谈举止让她记忆深刻。这也是这次初遇给乔留下的主要印象。

面试期间，伍德福德被问及是否需要烟灰缸。他不假思索地拒绝了。举止很重要，乔立刻趁伍德福德没注意时，向面试官做了一个竖大拇指的信号。面试官没时间浪费在傲慢无礼的求职者身上，所以喜欢提醒助理："要是他们行为粗鲁，你得告诉我。"接受或拒绝烟灰缸就是试探。尼尔·伍德福德顺利通过了。

信托储蓄银行的高管又一次成功测试出前来参加面试的人是否会在办公室里点烟，他们反对吸烟，不想冒险雇用这样的人。他们一方面无法忍受这个习惯，一方面又觉得不便劝阻，于是采取了这种隐秘的方法。此时，他们即将赋予伍德福德第一个重大机会，助其成为历史上盈利最丰厚的烟草行业投资者之一。

在随后的面试中，伍德福德继续给马歇尔留下了深刻印象，于是他击败另一名候选人得到了这份工作。乔负责传达这个好消息。她6个月前才返回职场，在这家银行上班，在这之前她曾患上一种极其罕见的癌症，经历了几年手术和化疗的折磨，几乎要了她的命。

在某个周五临近傍晚时，乔在下班回家前给伍德福德打了一个电话。"伊恩说他要写一封录用通知书，但是我建议直接打电话给他，"乔说，"我觉得这样他会更开心。他当时高兴坏了。"

当伍德福德到职开始新工作时，信托储蓄银行正处在重大改革之际。该银行于1986年在股票市场发行上市，融资金额近12亿英镑，打破了伦敦金融城以往的上市融资纪录。[12] 在信托储蓄银行，伍德福德才真正掌握了研究和分析技能，他身揣着这些技能走过了作为基金经理的整个职业生涯。不同于房屋互助协会，信托储蓄银行上市筹集的资金不必全部返还给存款人，而是可以保留现金。拥有了超过10亿英镑的可支配现金，信托储蓄银行便开始积极收购，以求添兵扩阵。伍德福德所在的部门很小，只有大约20名员工，他的职责是仔细调查潜在收购对象，并根据吸引力和是否适合银行这两个指标来评估这些收购对象。"他很好说话，是这个工作的完美人选。"马歇尔回忆道。

信托储蓄银行上市后不久，马歇尔便离职进军广告行业，但他和伍德福德仍保持着联系。后来，两人于 1987 年相聚在巴比肯艺术中心外的一家咖啡店共进午餐。当时伍德福德心生担忧。信托储蓄银行近期投标了希尔·塞缪尔，但他对收购这家商业银行持极大保留意见。

伍德福德在发现失败公司这方面练就了一双慧眼，对于这一次收购，他感觉不妙。他告诉马歇尔，根据自己的分析，收购希尔·塞缪尔的提案既没有吸引力，也不适合信托储蓄银行。而信托储蓄银行却愿意支付 7 亿多英镑，这将消耗大量发行时筹集的资金，伍德福德当然认为不值得。但是作为初级分析师，他人微言轻，找马歇尔吐诉也改变不了什么。这场交易还是推进了。

在牛奶街的办公室里，伍德福德和乔经常不知不觉加班到很晚，而他们的同事早就回家了。伍德福德刚来这里面试时，这两个人就一拍即合，不久后他们的关系更亲近了。“他是个很受欢迎的人，工作特别努力。他很爱开玩笑，我们也有很多共同兴趣。”乔说道。

前几个月一起共事时，他们的关系只是停留在工作层面，但后来伍德福德在送给乔的生日卡片上表达了他的爱慕之情，并表露出将他们的友谊进一步升华的意向。对于乔来说，这次表白来得正是时候。“我刚得过癌症，那时候自己的婚姻也不幸福。我 15 岁时遇到了当时的丈夫，我们根本合不来。我们更像是住在一起的兄妹，就看谁先遇到其他人。遇到了尼尔后，我决定离开，并告诉丈夫去找他爱的人。”

第二年，两人的关系迅速升温，这对情侣搬到了梅登黑德镇诺斯利小巷的一栋住宅里。结婚自然是水到渠成的事。但是求婚并没有伍德福德计划中那样顺利。两人在外共进浪漫晚餐时，周围的食客们实在太吵，最后伍德福德不得不在离餐厅几步远的商店门口向乔求婚。乔立刻就答应了。

1987 年 9 月 18 日，这对夫妻在梅登黑德镇婚姻登记处登记结婚。他们的婚礼亲密温馨，只有新娘和新郎的父亲以及少数其他宾客参加。婚宴则在他们郊区的家中举行。

在遇到乔的前几年，伍德福德父母的婚姻以失败告终。起先是维克托决定将他的出版印刷生意转让给某个亲戚，而且几乎是拱手相赠，为此帕梅拉和他争吵不休，一直也没有原谅他。后来，夫妻二人离了婚，但分别又找到了新欢。维克托娶了一个遛狗时认识的女人，后来搬去了伍斯特郡，帕梅拉则嫁给了她青梅竹马的恋人。

尼尔·伍德福德在父母相继去世前，一直和他们保持着联系，但他的哥哥西蒙却渐行渐远。维克托于2015年2月14日辞世，他将全部85万英镑遗产分给了尼尔和其他受益人，包括英国皇家空军和几家动物福利慈善机构。西蒙一分钱也没分到。他的父亲在遗嘱里表示，已经20多年没和这个儿子说过话了。[13]

伍德福德结婚四年后，也就是他与马歇尔共进午餐的四年后，希尔·塞缪尔银行即将遭遇不幸的转折点。这个伍德福德曾极力敦促雇主不要收购的公司一直在疯狂贷款。1991年，该公司取得了资产负债表坏账累计超过5亿英镑的“成就”。[14]这笔数额巨大的坏账导致当年信托储蓄银行陷入了亏损。最后，事实证明伍德福德是对的。“他的看法完全正确，”马歇尔回忆说，“希尔·塞缪尔让信托储蓄银行难以为继。”不过，当时伍德福德已经找到了更好的工作，他的“沉冤得雪”便也无人见证。

第二章
一夜之间的百万富翁

一

牛津郡一个宁静小镇中心的一栋深色大楼外，一辆陌生的轿车停了下来。此时早已过了办公时间。外面正狂风骤雨，轿车前大灯亮着，发动机仍在运转，车里可见两个人影。没有人对这两个人眼熟，也没有人注意到他们，至少眼下是这样。这样挺好，因为时间已经不早了，他们还有急事在身。

突然间，其中一个人影一溜烟似的潜入暴风雨中，一只手拿着什么东西，一边护着不让它淋湿，一边向大楼跑去。入驻在这栋楼里的公司十分新潮，然而大楼的结构却像是德国神话故事里的一样。[1]

片刻间，事情办完了。

一个湿漉漉的信封落在了空荡荡的办公楼地板上，那个人影随即转身向轿车走去，挡风玻璃雨刷器像胡乱

---

[1]类似哥特式古堡的德国古典建筑风格。

挥舞的手臂一样击打着雨水和树叶。

尼尔·伍德福德刚刚申请了一份将会令他名扬天下的工作。

人们都说，任何故事都不应该以“一个漆黑的暴风雨之夜”作为开头，但有时候，事实就是如此。1988年那个狂风怒号的夜晚，伍德福德一直在梅登黑德的家中坐着，最后他下定决心要改变。在他就信托储蓄银行收购希尔·塞缪尔一事向马歇尔表达担忧后不久，他便跳槽去了鹰星保险公司担任基金经理。在鹰星任职还不到一年，每天往返于金融城就已经使他身心受损。妻子乔放弃了金融城的工作，她需要减轻压力，专心营建家庭，就在离郊区的家车程不远的地方找了一份私人助理的工作。但由于他们只有一辆车，伍德福德便乘坐伦敦的长途大巴上班。显然，这种节奏远非理想状态。

当伍德福德听说永恒公司后，便有了转机。永恒公司位于泰晤士河畔亨利小镇附近，是一家快速增长的资产管理公司，刚刚上市。这家公司离家近，企业文化似乎也很独特，伍德福德深受吸引。这天晚上，屋外大雨倾盆，伍德福德对简历作了几处修改，并根据自己的推测草拟了一份申请书。

很明显，他已经迫不及待了。那天晚上，他没有把求职信放进邮箱，而是和妻子开了一段短途车，来到了永恒公司的总部，那是亨利镇历史悠久的哈特街上的一栋大楼，布满了山墙装饰和木质架构。然后他迅速将信封从前门塞了进去。

第二天，伍德福德打开报纸，发现一则永恒公司的招聘广告。看来他投简历的时机刚刚好，但是他担心那封亲手投递的信，可能会令人怀疑他提前打探到了即将发布的岗位消息。于是伍德福德准备再申请一次，希望这样能让第一次的主动尝试显得没那么可疑。

永恒公司的管理层从未透露他们是否有过任何怀疑，或者是否对这两次在奇怪的时间重复投递的申请感到困惑。总之，伍德福德的努力得到了回报。他在1988 年初加入了这家公司。

1974 年，派头十足的英国商人、赛马主马丁·阿尔比布创办了永恒公司。这位穿着帅气、一头蓬松灰发的企业掌舵人出生于 1939 年 6 月，在埃塞克斯郡的名牌公立学校费尔斯特德学校接受教育，他职业生涯的第一份工作是在斯派塞和佩格勒会计师事务所当会计。

阿尔比布的发型和英国女王惊人地相似，另外，他和女王一样也喜欢赛马。然而，阿尔比布否认自己是个好赌成性的人，即便他拥有令人羡慕不已的连胜纪录。1962年，在纽马克特的一次聚会上，他押下一系列赌注，赢了3 000英镑，这在当时是一笔不小的数目，足够支付一趟澳大利亚两年游的费用了。[15]

回到英国后，阿尔比布将注意力转移到投资股票市场上。刚在伦敦上市发行的博彩公司立博激发了他的兴趣，这在熟悉他的人看来并不意外。据阿尔比布说，立博有三个关键优势值得他投资：扎实的管理、不断扩张的业务以及正向的现金流。

事实证明，支持立博是明智之举，此后，阿尔比布决定全职追求选股事业。1974年，他创办了永恒公司，在亨利镇起步时，只有一间位于哈特街的办公室，监管500万英镑资产。1987年公司上市后，阿尔比布和他的家人共持有公司45%的股份。阿尔比布对赛马的热情依旧，他从发行永恒公司股票的获利中，挪出了25万英镑投资马匹，并把投资的第一匹马取名叫“斯努奇”——这是上学时别人送给他的绰号。事实证明，斯努奇又是一次成功的投资，它在1990年唐克斯特的圣雷杰尔马赛上赢得了冠军。斯努奇还保持着累计获得最多奖金的欧洲驯马纪录，它在职业生涯中跑了超过 34 场比赛，共赢得约 130 万英镑奖金。[16]

阿尔比布有一个特点，就是他坚信远离金融城在资金管理上会有很多优势，而这很快也将会成为伍德福德的典型特征。阿尔比布认为，伦敦的券商和分析师会对基金经理产生干扰，远离这些干扰，他们就能集中精力关注业绩。“永恒公司有一种反主流的气息，”一名前雇员说，“在这里做投资的，不是牛津剑桥那一派的，他们喜欢脱离主流，不被金融城影响。亨利镇这地方本身也有点这种气质。这里特别偏僻，远离主流，自成一派。这就是我们公司文化的一部分。”

随着公司不断发展壮大，永恒公司逐渐建立起了声誉，成为亨利镇的主要雇主之一。迅速扩张之下，很快，哈特街的办公室已经不够用了，公司又在小镇各地开了几间新办公室。1997 年，永恒园区正式开园。

加入永恒公司后，伍德福德最初被安排负责监督高收入基金，而他自己管理的收入基金是两年后发行的。永恒公司的个人权益计划（个人储蓄账户的前身，具有节税效益）在投资者中大受欢迎，而其中，伍德福德管理的基金表现亮眼，很快便吸引了众多投资者。

二十世纪九十年代中期，凭借积极的广告宣传，永恒公司成为了英国最有名的资产管理品牌之一。公司火力全开，让阿尔比布赚得盆满钵满。《星期日泰晤士报》富豪榜显示，在公司销售额迎来大丰收年后，伍德福德也乘着东风，顺势而上，仅1993年一年，阿尔比布的个人财富就增加了1.33亿英镑。[17] 永恒公司高收入基金自推出以来就一直保持着最强劲的表现。到1994年底，该基金累积了近5亿英镑资产。

伍德福德不仅成功打动了阿尔比布，还令众多金融顾问刮目相看，他们都迫不及待地向客户推荐这位基金经理。然而，对于伍德福德来说，一段最具考验性的时期即将到来。

二

以这种方式开启周日时光并不是最愉悦的。最理想的应该是睡个懒觉，吃个早餐，翻翻周末的报纸。但是，伍德福德翻阅当天的《星期日泰晤士报》时，发现不用说胃口，就连自己的整个早晨都被毁了。

有人对他的职业判断能力提出了质疑。这个人还不是普通的专家，而是哈格里夫斯·兰斯多恩公司的人，那是布里斯托尔一家不断壮大的证券经纪公司，近期推出了自有投资平台，决心成为“零售投资界的乐购”[18]。谁能想到，提出这次罕见批评的公司后来却成为伍德福德最大的支持者，而该公司许多客户的财富命运也将与伍德福德的事业紧密相连。

“伍德福德有12年的杰出业绩纪录，所以的确不能小看他，”哈格里夫斯·兰斯多恩公司的艾伦·达兰特在2000年1月《星期日泰晤士报》的一篇文章中写道，“但我不相信他避开电信股和纯科技股的决定是正确的。”

这已经不是伍德福德近期第一次感受到压力了。在田园牧歌般的河畔小镇亨利镇，有着乔治亚风格的华丽联排别墅和都铎风格的咖啡店，有时候你可能会忘了这是二十世纪。但是，世界在变化，而且瞬息万变。人们从报刊亭就能把世界带回家，奥秘就在用透明胶带粘在精美杂志上的亮闪闪的光盘上：互联网。[1]

英国电信公司搭了把手，让美国在线、计算机服务公司、神童公司以及其他互联网企业与全世界的计算机

---

[1]作为推广手段，美国最早的一批因特网服务公司（如美国在线等）会在杂志中随附一张试用光盘，读者可凭登记号码和密码免费上网。

前所未有地连接在了一起。一瞬间，一切似乎皆有可能。你不再需要走到书店里去买近期最畅销的小说。你甚至可以在游戏机上点一份比萨送到家门口。[19]诸如伊克塞特、弗勒兹、加德祖克斯、亚马逊等一批陌生的投机企业一夜暴富。这些企业从天而降，而且它们的创始人和幸运的早期投资者常常都成为了纸面百万富翁。

但有一个人并不买账。伍德福德拒绝人云亦云。在世纪之交，互联网热潮达到了极点，可是即便如此，伍德福德仍不为所动。他不愿参与其中也并非没人注意到。他的智慧遭到了质疑，而达兰特远不是唯一一个提出异议的人。

在永恒公司任职期间，伍德福德在销量和业绩上取得了巨大成功。但是他的重磅产品高收入基金的表现却逐渐衰弱。其他投资者都急不可耐地涌入科技股。而与此同时，伍德福德依然忠于以往回报丰厚的大公司，例如烟草巨头帝国烟草公司和英美烟草集团，这些老古董公司至少是盈利的，而且派发股利。可问题是，比起那些卷入互联网泡沫的公司，它们的股价变动就是不那么振奋人心。因此，结果看起来就是表现差劲。

2000 年初，伍德福德的高收入基金资产已经增长至近 25 亿英镑。当时大家都在想，这场狂欢是否就要骤然终结了。阿尔比布甚至向伍德福德施压，以确保永恒公司能从互联网中分一杯羹。“马丁是真的在考验尼尔，”一名曾与这两人共事的永恒公司前雇员说，“他认为不参与某些科技股是一种业务风险。有些人可能会说尼尔很固执，但是他很自信。我不会用狂妄来形容他，至少那个时候不会。”

随着微软、亚马逊和美国在线等公司持续助推互联网的繁荣，纳斯达克指数在新千年的头十周里创下了十六次新高，随后于 2000 年 3 月 10 日站到了历史最高点。伍德福德没能说服质疑者。同月，《星期日邮报》的一篇文章对十四名处于领军地位的独立金融顾问进行了访查，其中 12 名表示他们不会推荐伍德福德的高收入基金，原因是相比其他同类基金，该基金的表现已经垫底。“伍德福德是个好经理，但或许是他的傲慢碍了事，”其中一名金融顾问艾伦·彭尼在《星期日邮报》的那篇文章[20]中说道，“他越来越冥顽不化了。”

在英国，股价持续暴涨。在线旅游公司 lastminute.com 的股价于 2000 年 3 月 14 日上市交易的首个小时就从 380 便士涨到了 511 便士，公司市值达到 7.68 亿英镑。

但好景不长，该公司在证券交易所的首个交易日收盘时，股票跌破了发行价[21]。最终，股价在交易的第一个月跌到了150便士。热潮彻彻底底消退了。

不久后，一连串科技公司的接连崩盘，很快证明伍德福德是正确的。这一次，他得以见证自己的“昭雪”，享受属于自己的荣光。

伍德福德对持有科技股的反抗胜利了，阿尔比布给他涨了薪酬，重重犒赏了他。“马丁给他的奖赏，让他一夜之间成了百万富翁。”乔·伍德福德说道，她记得接完阿尔比布的电话后，她和丈夫不禁举杯相庆。

伍德福德获得了新晋百万富翁的身份，随之而来的是生活方式的剧烈变化。他花大手笔购买的第一件商品是芬格斯特庄园，那是亨利镇的一处二级上市房产，这个庄园大到需要一个场地保养员团队。后来伍德福德又在德文郡购置了第二套房产，德文郡是他最喜欢的度假地，儿时他曾和家人在那里享受家庭假日时光。

伍德福德开始青睐于法拉利，为此，他在芬格斯特庄园建了一个巨大的车库。他对跑车十分痴迷，还去参加了在意大利北部举办的固特异马拉内罗法拉利挑战赛，他的蓝黄色F355上还夸张地印着他学生时代的昵称“伍迪”。

手握方向盘时，他便疯狂追求刺激。“地上湿的时候，人们就会减速，但尼尔不会。围观的群众会无比兴奋。不过他确实摔过几次车，有一次还着火了。”乔回忆道。

2000年年中，永恒公司已经扩张到拥有近400名员工，资产管理规模增加至130亿英镑。那时开始出现一些传闻，说阿尔比布打算卖掉公司。当年5月，永恒公司确认其参与了收购交易谈判，但是阿尔比布对潜在求购公司的身份仍然守口如瓶。10月，公司宣布总部位于美国的景顺集团以10亿英镑敲定了交易，这次交易将会诞生仅次于富达的英国第二大资产管理集团。阿尔比布将4.5亿英镑收入囊中。为避免基金经理直接倒戈，包括伍德福德在内的顶尖基金经理也尝到了甜头。失去伍德福德可是永恒公司的新东家极力避免的危机。

三

交易完成后不久，管理者们开始讨论如何将永恒公司的雇员与景顺集团位于伦敦的欧洲资产管理办事处景顺控股到一起。这场讨论让亨利镇永恒公司的基金经理们心生焦虑，因为他们早已习惯了伦敦金融城外的生活方式。搬到伦敦的建议立刻被伍德福德拒绝了，他告诉了新老板们自己的想法：他是不会搬出亨利镇的。

“亨利镇被当成了景顺控股业务皇冠上的明珠。像尼尔这样的基金经理被视为神一样的人物，他们的待遇就像足球明星，”一名曾在亨利镇与伍德福德共事过的永恒公司前雇员说，“感觉不管尼尔有什么要求，都能得到满足。”

最终，永恒公司的员工得以留在了亨利镇，阿尔比布则被留用担任顾问的角色。作为亨利镇的最大雇主之一，阿尔比布与当地议会关系密切，因此，他为办公室前那条道路起的名字“永恒大道”得以保存，这也让他在永恒被收购后的几年里，仍名著一时。

并购有可能造成不确定性，关于伍德福德以及管理英国成长基金的斯蒂芬·惠特克等其他顶尖基金经理在公司何去何从的问题开始显现。和伍德福德一样，惠特克被视为永恒公司的明星经理之一。他也因避开科技股而成功躲过了2000年的互联网崩盘。为表忠心，伍德福德与永恒公司的新东家签定了一份五年合约。与此同时，惠特克投奔到了金融城大佬约翰·达菲尔德创立的资产管理公司。

虽然惠特克为永恒公司留下了了不起的业绩纪录，但他和亨利镇其他几个基金经理总感觉活在伍德福德的阴影下，他们一直在努力出人头地。“永恒公司英国部门的问题在于，其他基金经理在投资组合里配置的行业和尼尔是一样的，”一名伍德福德和惠特克的前同事说，“如果你在英国资产管理部，押了和尼尔不同的赌注，但是没成功，那可是很难受的。”

二十世纪九十年代末期，伍德福德承受住了投资科技公司的压力，避免了一场危机。而 2008 年那场灾难性的金融危机，他也顺利躲开了，再一次取得重大胜利。“银行业危机到来时他没有银行股仓位。这相当了不起，”一位曾在亨利镇与伍德福德密切共事的前同事说，“他赌对了互联网，又赌对了银行。大家对明星基金经理伍德福德的信仰得到了强化。”

永恒公司与景顺集团合并十年后，伍德福德博得了英国最佳选股人之一的名声，人送绰号“牛津先知”，因为人们开始将他和美国投资大佬沃伦·巴菲特相提并论（巴菲特经常被称为“奥哈马先知”）。[1]

---

[1]奥哈马是巴菲特的出生地，也是伯克希尔的总部所在地，因此巴菲特被称为“奥哈马先知”。

伍德福德的声誉如此辉煌，一些英国大公司的老板被召集在他亨利镇的办公室会面的场景也并不稀奇。首席执行官们明白争取伍德福德的好感有多重要。

阿斯利康的大卫·布伦南是第一批和伍德福德闹别扭的公司老板之一。该医药巨头是伍德福德在高收入基金和收入基金中持仓最多的公司之一。但是到2012年，在布伦南的管理下，公司的利润和营收双双下滑，新药生产不足，难以保持竞争优势。2011年，布伦南获得了900万英镑的综合薪酬，而包括伍德福德在内的大股东们都极力想要换掉他。2012年4月26日，就在阿斯利康召开年度股东大会之前的几个小时，布伦南宣布退休。[22]公司否认罢免了布伦南，但是人们普遍认为，影响他离开的因素之一，是伍德福德对其运营公司方式提出的批评。

此后不到一年时间，伍德福德又一次争取了高层的变动，这一次是在埃迪·斯托巴特。伍德福德的基金持有这家公路运输公司近40%的股份。埃迪·斯托巴特在股价一年内下跌超过20%后，又发布了盈利预警，导致长期担任总裁的罗德尼·贝克-贝茨被解雇。而受伍德福德支持的埃夫里尔·帕尔默-鲍纳克被任命为执行总裁，任务是出售公司表现不佳的业务。“董事会领导层需要换班，埃夫里尔是完美人选。”伍德福德当时说道。[23]

布伦南和贝克—贝茨的免职主要是幕后推动的，但伍德福德并不总是这样暗箭伤人。2012 年 10 月，他公开反对英国宇航系统公司（即英国国防公司）与欧洲宇航防务集团（即民用航空集团，现名空客公司）的合并计划。景顺控股通过伍德福德的高收入基金和收入基金，持有英国宇航系统公司约 13% 的股份。这两家公司计划以 380 亿欧元进行交易，许诺要创造一家航空巨头。伍德福德在 20 多年里的不同阶段，持有过英国宇航系统公司的股份，他担心削减成本的计划和协同效应不足以为股东带来巨大价值。关于这项交易还有一项政治因素需要考虑。英国政府在二十世纪八十年代抛售掉持有的英国宇航系统公司股份后，仍在该公司拥有“黄金股”[1]，这意味着英国政府有可能一票否决外资拥有权。

---

[1] “黄金股”制度最初在英国政府进行国有企业公司改制过程中提出，即政府在将国有企业的股份转让使其成为民营企业后，仍可通过持有“黄金股”对企业行使管理控制，其中最关键的特殊权利就是一票否决权。

而涉及欧洲宇航防务集团的交易，又需要获得法国和德国政府的批准。

伍德福德是一个态度强硬、影响深远的投资者，他的地位之高，可以随时将首席执行官们号令而来，省去了亲自前往这些公司总部的诸多不便。英国宇航系统公司的首席执行官尹恩·金，就被叫到亨利镇召开了一场热火朝天的会议，在这场持续数小时的会议上，伍德福德阐明了对合并的担忧。[24] 他可不是公司老板们会想得罪的基金经理。伍德福德想方设法让金这样的企业高管重视自己。其他股东也对这次潜在并购表示了类似的担忧，他们都巴望着伍德福德能代表他们给金施加压力。“尼尔不像个基金经理，倒像特种空勤团 [1] 的士兵，”当时景顺控股对手公司的一名分析师说，“不论是言语还是肢体上，你都不会想和他对抗。”[25]

最终证明，英国宇航系统公司和欧洲宇航防务集团难以克服政治上的差异。在德国的强烈反对下，这次并购最后以失败告终。

---

[1]英国特种空勤团又名空降特勤团，战斗力强，以能在短时间内准确而高效的完成任务而著称，是全球最精锐的特种部队之一，也是世界上第一支正规的特种作战力量。

伍德福德最大胆的投资决策之一，发生在 2012 年 4 月，那时他抛售了所持有的乐购的所有股份，理由是这家食品零售商需要削减开支，以更专注于股东回报。伍德福德的基金持有乐购的股票已经 20 年了，在此期间这笔投资确实很成功。但是他坚信，可以将出售乐购股份的资金用于改善部分现有的持仓，并且还可以物色风险更小的便宜股票。

伍德福德对管理工作（即代表股东参与公司管理）的兴趣渐浓。当时，这让他在基金经理中独树一帜，其他基金经理则因对公司董事会发生的事不够关心而遭到了批评。

2012 年，伍德福德在具有里程碑意义的《凯评论》中作出了关键贡献，《凯评论》是著名经济学家约翰·凯撰写的关于英国股票市场和长期决策制定的研究报告。对于在短时期内不断测评基金表现的做法，以及行业要求公司每个季度都要发布财报的“强迫症”，伍德福德感到尤其不满。同时，他对资产管理公司普遍实施的薪酬结构也十分反感，因为他认为当前的薪酬结构更偏重于奖励以一年为周期的业绩表现，而不是更长的时间范围。

当《凯评论》最终出版时，伍德福德谦虚地称：“我是这个行业里的异类。”他接着说：“我对参与企业管理这件事是非常认真的。在这一点上这个行业做得很失败，但是……承担起拥有权连带的责任是可以实现的[1]。”26

伍德福德在景顺控股的事业越来越飞黄腾达，但他的婚姻却并非如此。

四

2007年3月的一个周日清晨，尼尔和乔·伍德福德正在亨利镇的家附近的树林里遛他们的德牧犬。这将会是让乔永生难忘的一次散步。“我知道有些不对劲，”她说，“我一直在说‘你好像很苦恼，为什么不跟我说说呢’。”

突然，尼尔毫无征兆地告诉乔他想离婚。

在尼尔重磅宣布离婚之前的几个月，乔就已经察觉到丈夫的行为有所变化：他变得越来越疏离，也更易怒了。他们刚去澳大利亚参加了一个婚礼，那是一次特别

[1]指股东对企业有拥有权的同时也有监督企业管理的责任。

不愉快的经历。“我做什么都是错的，我们争吵不休，那段时间很不愉快。”

清晨在树林里的散步，发生在从澳大利亚旅行回来的三个月后。尼尔告诉乔，他和他的秘书马德莱娜·怀特好上了。“他说他们连公寓都买好了，”乔说，“我一路跑回了家。难过的是他已经把东西都收拾好了，一切准备就绪。我完全不知所措，心中痛苦不堪。”

二十年的婚姻里，尽管屡次尝试，但是伍德福德夫妇从未实现生育孩子的梦想。乔几次流产，最后诞下一个男婴，却刚出生就夭折了，这是他们最后一次尝试要孩子。“眼看就要成功了。但当时我已经三十九岁了，我决定放弃了。”乔说。接受了上天的安排后，伍德福德夫妇将热情转向了动物。他们在德文郡的家附近救助了许多达特穆尔高地小马，伍德福德还参加了一个游泳比赛，为保护白犀牛筹集善款。

伍德福德十分高调，因此经常有人找他帮忙。有一次，伍德福德收到了一个不寻常的请求，这个请求来自金顿·兰利野生动物中心。他们饲养了一头名叫特莎的西伯利亚虎。特莎在二十世纪九十年代期间为埃索石油公司拍摄了一支著名的电视广告宣传片，自那以后它便声名鹊起。后来，特莎就被安置在该野生动物中心。1998 年，金顿·兰利野生动物中心和北威尔特郡区议会在饲养濒危野生动物所需的建筑许可方面发生了争执。[27] 埃索石油公司许诺出资 2.5 万英镑为特莎寻找一处永久新住所，即便如此，金顿·兰利野生动物中心还是找到了伍德福德，想看看他能否再出点钱。伍德福德虽然去看了特莎，但并没有承诺提供任何资助。

尽管如此，伍德福德还是很慷慨大方，乐善好施。一位亲友的孙子患有先天肠道疾病，伍德福德便向当地一家医院捐资，这样这个孩子就可以就近治疗，而不必长途奔波地去外地找专业治疗设备。

伍德福德夫妇的分手远非一帆风顺。还未办完离婚手续，尼尔就和马德莱娜搬到了芬格斯特庄园地面一个场地保养员的小屋里，而乔还住在庄园里。“他们在那里住了差不多一年，我每天都得从旁经过。尼尔竟无动于衷，真令人失望。”乔说。

尽管尼尔和乔的婚姻戛然而止，但他们在离婚诉讼期间仍保持友好关系，甚至在亨利镇的家中整理物品时也是如此。“搬运家具的货车到达时，司机肯定在想：事情不妙，这两个人肯定会吵架。但完全不是那样。我们离婚后多年还保持着联系。”乔说。

2019 年 8 月，乔再婚了，她也是把钱投进伍德福德的股权收入基金的众多投资者之一。该基金被暂时关闭的前一年左右，她的财务顾问就建议她赎回资金。但乔选择继续支持前夫。“我非常信任他，”她说，“我以为他能扭转局面，回到正轨。虽然我个人损失惨重，但并不感到可惜。倒是那些损失了大笔养老金存款的人，让人难过。”

第三章

冲脱牢笼的巨星

一

景顺基金英国销售团队能感觉到事情有些不对。那是 2013 年 5 月底一个很普通的早上，但他们的上司克雷格·纽曼却不见踪影。

纽曼非常出众。一头红发的他狂妄自信，心直口快，很快就爬上了景顺基金销售总监的位置，监督着负责推销伍德福德基金的团队。根据一名前同事的描述，他管理销售团队时“诚惶诚恐，但富有远见”。现在他竟然消失了。对于一个喜欢被注视和聆听的人而言，至少可以说是有点奇怪的。

纽曼的得力助手，零售主管西蒙·戴尔也失踪了。景顺基金的高管们对他们的行踪只字不提。对于销售部门的其他成员来说，这个局面有点难对付。这周初刚有两名新同事加入团队，而那些已经与纽曼和戴尔并肩工作的人越来越难为他们的缺席编出新的理由。当然，纽曼和戴尔同时不在办公室并不是什么稀罕事。他们两个都会忙于赶去见客户，而且众所周知，纽曼一般会比管理团队的大多数人晚到办公室。但这一次，感觉不同于往常。

所有人都知道，与纽曼和戴尔共事的一名私人助理喜欢讨论办公室八卦，而这一次，就连她都沉默了。从她的守口如瓶中，销售团队的其他人得到了确凿的证据：一定发生了更严重的事情。

“一开始那种迷茫的气氛很奇怪，”当时在场的一名景顺基金前雇员说，“大家议论纷纷，但根本没有人知道到底怎么回事。他们开始怀疑是不是发生了更大的危机。”

在亨利镇监督分销工作的伊恩·特里夫斯告诉销售团队，关于两人的离开，高层没透露更多细节，他只知道，在明年找到替补人选之前，他将会接替纽曼的位置。“管理层对具体情况没有发表任何评论，但是他们在努力让销售团队消除顾虑，保持积极性。”这名前销售雇员说道。

没过多久，办公室里便散播起关于纽曼为什么突然离开的谣言——他的前同事们纷纷怀疑他是因为下载客户资料而被解雇的。但是纽曼称他从景顺基金辞职是签了保密协议的，并一直否认自己有过违规行为。

对于在景顺基金长达十七年的成功职业生涯而言，那实在是一个突兀且不光彩的结束。

“一个人会被押着走出大门的原因屈指可数。那个场景特别黯淡，也相当让人震惊。”另一名曾与纽曼共事的景顺基金前雇员说。

景顺的这支英国团队里有很多不走寻常路的人。这很适合伍德福德，因为他自己就是远离金融城，被视为局外人。比如，销售团队里有一个叫罗斯·拉马克拉夫特的人，他曾在连锁超市历德做过区域销售，后来于2006年加入景顺基金担任业务拓展经理。而在这些经历之前，他在英国皇家空军做了两年飞行员。

对于在亨利镇办公室担任其他职位的员工而言，这支英国团队就是一个“男孩帮”，因为伍德福德的直接下属们经常和销售部门的人员交往。

纽曼是个不好对付的上司，他成就斐然，但人们都对他敬而远之。“他就像个雄狮，远远看上去很威风，但你不会想离他太近。”纽曼的一个前同事说。“克雷格相当大一部分时间都不在办公室，”另一名前同事说，“但是他的销售业绩增长很出色。尼尔表现好的时候，销售团队就很轻松。”

伍德福德是个健身狂魔，他带头在亨利镇办公室里引入了一个健身房，午休期间经常能看到他和一些销售同事一起健身。“举重室和拳击袋都被尼尔霸占了，他经常对着墙吼叫，”一名前雇员说，“你会看见尼尔和他的团队在一起锻炼，然后满腔热血地回到办公桌前。那是一种并不接纳所有人的男子气概文化。”

纽曼离开时，伍德福德在亨利镇办事处仍占据主导地位，但是他和办公室里的其他人越来越疏远。他要求建一间隔开的办公室将他和团队的其他人分开，里面配备一张沙发和电话会议设备。在这个空间里，伍德福德可以不受打扰地工作，但同时，要直接接触他也越来越困难了。大家越发感觉到，这位基金经理心情不太好。发飙是常有的事。“尼尔会大发雷霆，而且我们看到他对管理层发脾气和他对自己团队发脾气的次数一样多。”一名前同事说。

那些在亨利镇办公室工作的人感觉到，高级领导层的换班可能是起冲突的一个源头。鲍勃·耶伯里自 2008 年起担任景顺基金的首席投资官，2010 年退休，至此，他已经在亨利镇工作了超过 25 年，其间还担任过英国区的首席执行官。耶伯里毕业于剑桥大学数学系，擅长深度思考。二十世纪八十年代，他被阿尔比布请来经营美国的投资团队，因此成为了永恒公司的元老级人物。接替耶伯里成为首席投资官的是尼克·马斯托，他是个严肃正经的管理者，一名前同事形容他是“严厉、冷漠的空手道黑带”。和伍德福德一样，马斯托沉迷于健身，经常花时间在办公室的健身房锻炼。

马斯托的管理风格和耶伯里完全相反。伍德福德发现自己在投资决策上面临着问题。“鲍勃可以说是个很宽松的管理者，”一名曾与耶伯里和马斯托共事的前同事说，“他对投资很感兴趣，但是他的管理很仁慈，不难应付。鲍勃退休后，尼克接任，从那以后尼尔的日子便没那么舒坦了。”

过去，伍德福德取得成功的主要驱动因素是持有安全、成熟的股票，但他开始对规模较小、增长潜力更高的公司产生了兴趣，这是他偏离以往风格的标志。没过多久，他投资常规领域以外公司的做法便引起了亨利镇上司的注意。由于担心投资私有企业所需要的风险管理程度更强，马斯托在 2012 年成立了一个更规范的风险管理小组，这个小组直接向他汇报，目的是密切监视伍德福德的投资活动。但伍德福德并不接受这项新安排。

“尼尔总是想方设法去做一些天马行空的事，但与此同时，风险控制的部分也加强了，”一名前同事说，“告诉尼尔他不能做某件事简直让他暴跳如雷。尼尔和尼克之间的关系很紧张，一点就着。”

随着纽曼的出局，马斯托感觉到伍德福德有些心神不宁，于是他开始在亨利镇加速推进其他变动。他们的顶级基金经理随时可能会离开，马斯托需要为这种不测事件做好准备。景顺控股的管理层确信他们可以依靠固定收益明星经理保罗·考泽和保罗·里德，但是伍德福德的基金规模增长得太厉害了，以至于他的离开可能会让景顺控股的业务变得摇摇欲坠。而解决的办法就是从爱丁堡的对手资产管理公司标准人寿投资挖来一批表现拔尖的基金经理。2013 年初，戴维·米勒、戴夫·朱布和理查德·巴蒂加入了亨利镇团队。

这个三人小组着手管理了全球绝对收益策略基金。这是英国分部的另一个重磅投资产品，采用了一种很受欢迎的策略。公司宣布任命他们的时候，该基金的资产规模达到了近 120 亿英镑。这是马斯托的一大妙计。“他们似乎需要采取大胆行动了，毕竟他们知道尼尔在煽动人心。”一名景顺基金的前职员说。

对景顺控股旗下基金所承担的风险水平高度关注的，不只是马斯托和负责盯紧伍德福德的内部委员会。金融行为监管局也开始询问景顺控股部分产品引入的杠杆量，并开始调查相关储户是否被充分告知了产品的风险。调查发现，在 2008 年 5 月至 2012 年 11 月之间，有十五只景顺控股旗下基金的投资者所承担的实际风险水平，要高于他们在三十三种不同场景的引导下所期望的水平。[28]

金融行为监管局表示，因承担过量风险所导致的损失总计 500 万英镑，景顺控股后来以赔偿的形式将这笔款项返还至基金中。监管局查出的这些基金中有两只就是由伍德福德看管的高收入基金和收入基金。其中还有一只是马斯托运作的管理收入基金。这次调查以景顺控股被处以 1860 万英镑罚款告终。然而，监管局发布公告的时机对伍德福德非常不利，因为一个月后，他踏上新征程的第一只基金就要揭牌了。

二

2013 年 10 月 15 日，景顺基金的员工刚到亨利镇办公室就收到了一封邮件，这封邮件立刻引起了他们的注意。邮件最上方是伍德福德的头像，内容是宣布他们最耀眼的明星即将离职。这个消息让亨利镇的所有人措手不及。

景顺基金的首席执行官马克·阿穆尔概述了伍德福德将在次年四月卸任的事宜，并提到他日后将自己创业，但计划还不明确。同时，这封内部通函详细说明了提拔伍德福德的门徒马克·巴尼特为英国权益部负责人的安排，巴尼特将接替伍德福德担任公司最重要的职位之一，他将接管收入基金和高收入基金的管理职责，算上爱丁堡投资信托（景顺控股外部的投资委托契约，也曾由伍德福德运作），他掌管的资产达到了近 330 亿英镑。

此时，巴尼特掌管下的资金数额十分惊人，在景顺基金当时约 700 亿英镑的总资产中占据相当大的比重。景顺控股和巴尼特清醒地知道，伍德福德离开后，投资者也将退出并跟随他的新事业，一切只是时间问题而已。金融专家预测，将有数十亿英镑从景顺控股流出。

过去，巴尼特在景顺基金运作战略收入基金和另外三只基金，他和伍德福德共事了十七年，被视为执掌大权显而易见的人选。而且他极力强调自己与导师的相似之处。巴尼特接替伍德福德时，他的战略收入基金和高收入基金的前十大重仓股中有六只都是相同的。基金经理的变更不会导致投资风格的剧烈变化。“我们谈论了很多关于股票的话题，”伍德福德宣布离开后不久，巴尼特在一次采访中说道，“在观察股票时，我们都会考虑宏观经济的因素。我们的重仓股非常相似。”[29]

达赖厄斯·麦克德莫特是切尔西金融服务公司一名经验丰富的金融评论员，当伍德福德意外退出的消息传出时，他正在参加企业高尔夫球日的活动。当时，他在俱乐部接到了财经记者铺天盖地的来电，这些记者急切地想知道他对这个本年度金融界最轰动的个人事件有什么看法。“在我看来，这是资产管理行业近十年最大的新闻。”麦克德莫特表示。

很快，人们便将伍德福德的退出与近期突然离职的其他知名基金经理作起了比较。其中一个不可避免的比较对象是富达国际的投资老手安东尼·博尔顿。博尔顿在业余时间喜欢创作古典音乐，2007 年，他首次从资管行业退休，但 2010 年又被力劝出山，搬往香港管理一个专注于中国的新投资组合。就在伍德福德宣布离职前几个月，博尔顿表示自己将彻底退休，因为这一次他没能取得在金融城期间令他闻名遐迩的亮眼收益。

和伍德福德一样，博尔顿连续投资了多家成功的企业，这种能力让他大受褒奖。投资者没有多少抱怨的理由，因为在博尔顿管理富达特殊情况基金的28年里，他们见证了每1000英镑的投资增长至超过14.8万英镑。但是，要将在英国的成功复制到中国特殊情况信托基金，对于博尔顿来说难度太大，他承认自己很煎熬。“对我来说，最令人失望的事情是，我对中国市场的判断是错误的，当然我很乐意承认这一点，”博尔顿在刚要离开富达前的一次采访中说，“我以为会涨四年，没想到跌了四年。”[30]

伍德福德的离开也被用来和理查德·巴克斯顿作比较。巴克斯顿也是金融城选股精英中的一员，他在施罗德集团（英国上市资产管理公司）管理着投资者近40亿英镑的资金。任职11年后，巴克斯顿于2013年3月宣布他将离开施罗德，投奔先机环球投资。人们预测，他的离开会让施罗德遭受严重的资金流出。没错，在随后的一年中，曾由巴克斯顿监督的英国阿尔法基金中近一半的资产被投资者取出，同时，资金继续跟随他源源不断地流入了新雇主的大门。[31]

然而，与伍德福德的离开相比，这些人都黯然失色。

“这个新闻之所以如此重大，是因为尼尔为人高调，而且他运作的资产规模很庞大。”麦克德莫特说。消息刚一宣布，景顺控股的股价应声下跌5%，公司价值瞬间被抹去了几亿英镑。阿穆尔迅速采取行动安抚股东，他表示公司已经“为接任做了多年计划”，而且已经安排好了“有序的交接过程”。

伍德福德表示，在离开之前，他仍将“全力承担”基金管理的职责，但实际上，员工们早已适应了巴尼特带领下的新时代。性情越来越焦躁的伍德福德决定离开，一些人反而松了口气。“尼尔宣布离开的那一天，就基本上已经走了，”景顺基金的一名前雇员说，“感觉尼尔走后，这颗钉子就被拔掉了。虽然资金会流出，但也是时候在马克的带领下重建秩序了。”

也许巴尼特被认定是稳赢的人选，但是摆在他前面的任务十分艰巨。由于伍德福德的忠实投资者极力想要追随他，很快，高收入基金和收入基金的资金流出开始增加。伍德福德离开后的两个月里，投资者拿回了13亿英镑。然而资金流出还在加剧：2014年上半年，也就是伍德福德自己的首只基金推出之前，高收入基金和收入基金流失了近42亿英镑。[32]

“由于尼尔的业绩纪录优异，名望显赫，运作的资产数额巨大，所以接替他的工作有点像金杯毒酒，”麦克德莫特说，“几乎是从接手的那一秒钟开始，马克就得抛售股票来应付资金的赎回。”

三

就在伍德福德将离开景顺基金的计划公之于众时，他的前同事纽曼早已在为他们的新公司打基础了，这家公司最终将由这对搭档共同经营。在与伍德福德共事期间，纽曼和他建立了密切的关系。景顺基金首席投资官换人后实行了蛮横的风险管理控制，而纽曼发现了一个自寻门路、摆脱这种控制的机会。

伍德福德希望与伦敦金融城的大型基金管理巨头保持距离。再加上后来，为了满足他从亨利镇挖来的景顺基金投资团队里的大部分人的意愿，他们一致同意将新公司选址在牛津郡的一个商业园区里。普瑞米尔酒店附设的必富达是离公司最近的酒馆，酒店就在办公室的马路对面，而环岛路的另一侧就是哈雷·戴维森的英国总部基地。

对于一个会将数十亿英镑投资于英国一些大型企业

的初创公司而言，这个位置实在很不起眼。但是对于伍德福德来说，这里还是很方便的，他和他的前秘书住在泰特伯里的一个农场里，距离公司大约一个小时，后来他们于 2015 年结婚，育有两个孩子。

2013 年，这对夫妻以 1,370 万英镑买下了一块土地，他们的住宅就建在这里，距离威尔士亲王的乡间别墅海格洛夫庄园只有一小段车程。[33] 夫妻二人曾住在泰晤士河畔亨利小镇附近的斯柯梅特，2011 年，他们因为一项建筑规划申请与邻居发生了纠纷，后来就搬到了现在这个位于科茨沃尔德的地方。伍德福德的新一任妻子是个马术爱好者，她对业余超越障碍赛的热情感染了丈夫，现在，伍德福德对赛马的兴趣已经超过了法拉利。这对夫妻曾计划在瓦伦丁农场建一个巨大的全天候马术中心，包括一个马术竞技场、多间马厩、马具房、饲料和地毯间、清洗间以及办公和储物间。

当地居民对该计划及其对当地乡村的潜在影响感到愤怒不已，BBC《新闻之夜》的前主持人杰里米·帕克斯曼就是其中之一。帕克斯曼住在附近的斯托纳村，一向以说话直接了当著称的他，写信给威科姆区议会表达自己的沮丧之情，称这项开发计划“工程浩大、影响市容、不合时宜、极不环保”。他在信中写道：“申请书上告诉我们，这是一项‘私人’开发工程，只有28间马厩和房间，以及一个竞技场……这就好比在说，对于奇尔特恩村而言，温布利体育馆是‘私人’开发工程一样。”[34]

反对伍德福德计划的其他当地名人，还有前英格兰橄榄球队国际选手奈杰尔·施塔摩-史密斯。伍德福德这处地产曾经的主人是一级方程式赛车大亨弗拉维奥·布里亚托雷，一位居民甚至认为，这里重建后就像一个战俘集中营。当地居民发起抗议后，伍德福德夫妇撤销了申请。第二年，他们再次尝试提出建筑许可证的申请，但是被威科姆区议会拒绝了。

对于伍德福德而言幸运的是，申请成立和运营新公司所需的许可证简单直接得多。考虑到伍德福德和纽曼将从零开始创办一家投资管理机构，而且预计他们将为大量散户运作资金，金融行为监管局很快就通过了伍德福德投资管理公司的监管审批。1月向监管局提交的申请，4月公司就获得了批准。

现在，事业的车轮已经在运转。但新公司要成立并运作起来，伍德福德还需要一些支持。向他伸出橄榄枝的是彼得·迪本斯，一名极不愿意被媒体报道的互联网企业家，同时也是奥克利资本的创始人。奥克利资本是一家位于伦敦的私募公司，持有生活指南杂志《闲暇》的大量股份。身材结实、发型浮华的迪本斯在2007年创办了奥克利资本，他在培养初创企业方面有很多成功纪录，包括以1亿多英镑售予天空电视台的365媒体集团，以及后来被蒂斯卡里集团以2亿余英镑收购的互联网服务供应商Pipex。[35]

迪本斯和伍德福德彼此很熟悉，高收入基金和收入基金均投资了奥克利资本。2013年12月，奥克利资本宣布将在伍德福德离开景顺基金时，为其提供开展资管业务所需要的基本条件。不过，这项约定并不正式，而更像是君子协定。

很快，伍德福德便开始组建团队，麾下人马都是他从景顺基金招来的昔日心腹。亨利镇的一名泛欧股票经理斯蒂芬·拉马克拉夫特，加入了伍德福德的投资团队担任基金经理。他的兄弟保罗也被伍德福德从景顺基金雇来，加入成为了分析师。另一名亨利镇叛逃者佐久萨哈也被招致旗下，他专注于评估伍德福德开始感兴趣的一些小规模公司。

很快，公司领导人的名单越来越长，一群人就像亲密的伙伴。拉马克拉夫特家的另一个兄弟罗斯也从景顺基金离职，加入了伍德福德的新销售团队，他和西蒙·戴尔的共同职责是监督零售业务。自2006年起效力于景顺基金的威廉·迪尔，则扛起了争取机构委托业务的大任。米切尔·弗雷泽-琼斯也离开景顺基金加盟了伍德福德团队，负责带领投资通讯部门。

曾是《每日电讯报》个人理财写手的保罗·法罗，是伍德福德招聘的为数不多的外部人士之一。法罗曾辞去《每日电讯报》的工作，跳槽至高端银行顾资负责带领通讯部门，现在他将为伍德福德做同样的事。密许康德雷亚律师事务所的律师格雷·史密斯，曾在金融行为监管局对景顺基金的调查中全程为伍德福德保驾护航，因此他被雇用为首席法务官和首席合规官，并将成为公司的主要合伙人之一。另一名外部人士是尼克·汉密尔顿，他曾在景顺基金担任环球权益产品负责人，现被正式任命为公司的高级领导之一。尼克在景顺基金任职十年后，搬到了澳大利亚为康联首域集团效力。但是上任短短六个月后，他便被伍德福德的要约说服，回到了英国。

伍德福德拥有公司65%的股份，而担任首席执行官的纽曼则持有剩余的35%。这个初创企业将为二人组带来极其丰厚的利润，后来他们将数千万英镑利润收入囊中。

尽管在伍德福德投资管理公司的网站上，纽曼被称为公司背后的“推动力”，但是他在经营企业方面几乎没什么经验，也没有资金管理的能力。“克雷格根本没有投资管理的经验，却拥有公司三分之一的股权。怎么会有这种事情？”纽曼在景顺基金的一名前同事说，“真好奇尼尔受克雷格的影响究竟有多深。”

第四章

五十亿英镑的启动

一

在一顶游艇帆一样清新明亮的棉质遮阳篷下，一辆伦敦双层巴士停靠在棕榈树间，人们在一旁悠闲地畅饮着二十英镑一杯的香槟。这不是每天都能享受到的。不过，成功启动一家数千人都迫不及待想要投资的基金管理公司，也不是每天都能做到的。

尼尔·伍德福德的新团队并没有真的乘坐巴士来到热带岛屿。他们乘坐的是一队出租车和高档轿车，到达的是疯狂熊酒店，一家建立在牛津郡斯塔德汉普顿一块八十英亩农田上的一座古怪而略显颓败的酒店。而那辆装饰着霓虹灯招牌、挂着一个孤零零的监控摄像头的复古皮卡迪利广场[1]巴士，只是为宾客提供的众多新奇玩意之一，这里还有农场商店和泰式按摩，更有一个用红酒瓶做屋顶的餐厅，你会感觉仿佛在一位品酒师的酒窖

[1]皮卡迪利广场（Piccadilly Circus）是英国著名的商业中心，也是英国标志性双层观光巴士的一个站点。

底下的暗层用餐。

2014 年 6 月 21 日举行的这场派对，标志着几个月的紧张筹备终于告一段落，公司终于成立并获得了启动所需的必要监管批准。伍德福德的员工和一群协助公司成立运营的项目经理，在花团锦簇的庭院里喝着啤酒和香槟，交际应酬着。

这也是在庆祝一个崭新的开始。与一尊尺寸等身的狮子雕像擦身而过的便是克雷格·纽曼，前同事们经常把这个男人比喻成狮子，但是现在看起来，他和因不悦而怒吼的形象相去甚远。至于尼尔·伍德福德这个名冠一时的英雄，早已把在景顺基金午休时对着墙壁大吼来释放压力的记忆遗忘。在棕榈叶的斑影和觥筹交错之间，这个风云人物不是对着灰泥墙喊叫，而是即将向他的臣民们发表讲话。

大家都好奇他会说些什么。一套商业术语已经准备就绪，大肆渲染的气氛也已烘托到位，世界似乎尽在他的手中。或许他会强调所有人都将受益于在这个崭露头角的投资帝国中所重获的自由；或许他会描绘建立投资者利益优先的基金管理风格的愿景；又或许他会重申对引领公司治理的愿望？

那天晚上，当这位天之娇宠站出来慷慨陈词时，天色还较早。作为一家企业的支柱前锋[1]，他顶着比以往任何时候都壮硕的身躯，稀薄的头发剪成了超短寸头，在夏日的暮色中浅浅发灰。

然而，他并没有说那些话。或者说，很多内容都未提及。他的发言简短平静，以至于在场的人后来根本不记得他说了什么。

然后，所有人又干了一杯20英镑的香槟，接着便是拍照时间……

正如专业界权威人士预测的那样，伍德福德轻而易举地创生了一家新公司。他不费吹灰之力地吸引了众多投资者。“启动堪称完美。我们成了全镇谈论的焦点，所有人都喜欢我们。”伍德福德的一个前同事说。

前几周内，涌入公司的资金数额十分惊人。在6月2日至6月19日期间，也就是所谓的“募集期”（基金开始交易前招募投资者认购的时期），新基金筹集了16亿英镑。这是英国有史以来集资金额最大的一次开放式基金启动。开放式基金是伍德福德采用的一种常见

---

[1]原文是prop forward，橄榄球运动用语，是球场最核心的成员。

的投资结构，可以为投资者提供日常流动性（日常流动性可以让储户轻松取现，而其他类型的投资基金要求资金冻结的时间更长）。

把钱交给伍德福德的不只是普通储户。金融城的大型机构投资者也纷纷涌入股权收入基金，其中约9亿英镑来自英国朱庇特资产管理公司，伍德福德还在景顺控股任职期间，该公司就在他那里投资。英国的圣詹姆斯普莱斯财富管理公司是最大的支持者之一，该公司将一笔相当可观的资金（37亿英镑）交给伍德福德，委托他代为打理。肯特郡区议会是伍德福德在景顺基金时最忠实的客户之一，从2007年开始该议会就委托他投资，这一次也将2亿英镑投入了他的新基金。

募集的新资金中有一大部分来自使用哈格里夫斯·兰斯多恩的零售客户。哈格里夫斯·兰斯多恩是一个备受欢迎的投资平台，在伍德福德的基金启动前夕，该平台做了大力推广。

新公司开门短短几周后，伍德福德就从投资者那里筹集到了50亿英镑。这一数目显示了投资者对他的极大信任，对于一个新企业而言，这是一个难以置信的开始。伍德福德的一些同事也因此发了一笔横财。据一名前雇员透露，在公司建立初期，销售团队中至少有两名成员获得了30万英镑奖金。虽然这笔钱大部分都是来源于伍德福德的老客户。

启动完成后几个月，伍德福德也犒劳了自己，买下一辆全新的法拉利，他曾和商业伙伴纽曼在意大利马拉内罗对这辆车进行过轨道试验。纽曼和伍德福德对赛车的痴迷，公司里人尽皆知。他们的停车场很像一个高端轿车展厅的前院。“每天午餐时间，我们都会去看又来了些什么车。那些车很奢华，”一名前雇员说，“克雷格对车的品味很高。他开进停车场的时候，你一定能听出来他到了。”至此，伍德福德离开景顺基金的冒险做法似乎得到了回报。

股权收入基金启动一个月后，伍德福德做了一件不寻常的事：他公开了自己的全部持仓清单，这让人们对他惊赞不已。通常情况下，基金经理只会展示基金的前十大持仓。投资者应该明确地知道他们的钱被运用在了什么地方，伍德福德传达出这样的信息，力图赢得投资者和强大的消费者媒体的信任。尽管后来股权收入基金陷入困境时，这一做法加速了伍德福德的败落，但他公开持仓组合的做法还是很令人钦佩。

“将零售基金高度透明化是一项革命性的举动，这不是大多数基金管理公司的标准做法，”在线投资平台贝斯特投资公司的总经理贾森·霍兰说，“大部分基金经理不愿意公开他们的持仓。他们会说，这样做会失去核心卖点。我猜，由于伍德福德的前车之鉴，几乎没有人会想重蹈覆辙了。”

组合明细显示，伍德福德新基金中持仓最多的是医药巨头阿斯利康，占比超过 8%。就在新基金启动的几个月前，阿斯利康的美国对手辉瑞公司欲以 690 亿英镑将其收购，包括伍德福德在内的一批投资者直言不讳地提出反对，伍德福德称，阿斯利康保持独立的话，他能为投资者赚更多钱。

伍德福德的重仓股中还有英美烟草集团、帝国烟草公司和雷诺兹烟草公司，这些公司在他效力于景顺控股时，就帮他为投资者实现了持续稳定的收益。同时，伍德福德投资初创公司的意愿非常明显，新基金中相当大一部分资金投入了帝国创新公司。这是一家专注于科技领域的投资公司，它投资了众多生命科学和科技类型公司，与伦敦帝国理工学院、牛津大学和剑桥大学等众多高校关系密切。该公司于伦敦证券交易所下设的另类投资市场上市，该市场供小规模企业上市融资。

实际上，伍德福德的股权收入基金中有多只在另类投资市场上市的股票，包括生物科技方面的电子疗法公司、专注于生命科学的逆转录病毒学公司以及专注于研发活体生物治疗产品的4D制药公司。获得伍德福德支持的其他羽翼未丰的公司，还有免疫疗法研发领域的切尔卡西亚公司、逆转录病毒学疫苗公司以及社区宽带运营商千兆高清公司。

对于一些人而言，这个组合显示出伍德福德的投资风格发生了显著变化。后来，人们对这种变化在他的旗舰基金垮台中所起到的作用做了大量审查。“最大的问题是持股的性质，”伍德福德的一名前同事说，“你不会希望一只名字里有‘收入’的基金持有生物科技和医疗股的比例如此之高[1]，这些股票大多没有任何收益。投资者忠于他是因为他以前经历过艰难时期，他们相信这一次也会反弹回来。但是他们没有意识到，他们投资的已经不是以前那个伍德福德了。”

---

[1]“收入型”基金主要投资成熟、稳定增长、派发股息的大公司（如银行），而科技医疗股通常具有高成长属性，未来长期前景被看好，但短期不一定能获得收益。

汇丰银行是唯一被伍德福德选入新基金的银行股，这一点也不令人惊讶，因为他在亨利镇的时候就很反感贷款机构，也正是因为这一点，他才毫发未损地度过了金融危机。伍德福德开始建仓汇丰是在一年前，当时他在为圣詹姆斯普莱斯财富管理公司运作一项投资委托。这是他 2002 年以来首次投资银行股。然而，这次投资持续时间很短暂。将汇丰银行纳入股权收入基金仅仅三个月后，伍德福德就宣布将所持股份全部抛售，理由是担忧银行没有能力支付当时的一笔迫在眉睫的罚款。

伍德福德想在新公司建立一种独特的文化，一种和他已经向其投入了几百万英镑的一些科技公司并无不同的文化。被一名前同事描述为“打字二指禅”的伍德福德或许不是最擅长科技的人，但是他希望做出一家数字化优先的公司。从交易到为会见客户订三明治，一切都通过数字界面完成。办公室里实行无纸张政策，文件的分享和查看都在笔记本电脑和 iPad 上面完成。公司鼓励员工通过 Slack（一个企业在线信息交流工具）互相沟通。在家工作时，伍德福德会在周六的深夜十一点登陆公司的 Slack 群组，这一点也不稀奇。

伍德福德每周至少会在家工作一次，他会打电话或发邮件向交易部下达指令，交易部随即输入信息执行交易。那时，伍德福德的信息技术团队开发过一个应用程序，能使交易过程更高效，而且无需彭博终端就能完成，但这个应用程序最终止步于开发阶段。

新公司的办公室里有一种初创企业独有的氛围。这里有一个由咖啡师运营的咖啡馆，逢员工假期不限供应。公司着装规定宽松，纽曼在这方面做了带头示范，他经常穿着连帽衫和格子衬衫来上班，而伍德福德更喜欢穿舒适的 T 恤、牛仔裤和运动鞋。为了避免呈现出基金管理公司的沉闷形象，公司使出了浑身解数。

公司成立后，虽然一些员工获得了巨额奖金，但在 2016 年，伍德福德和纽曼引入了一项不寻常的政策：取消全部三十五名员工的奖金支付。他们称，奖金不符合公司在投资业务方面希望采取的长期策略，而且支付奖金很少能提升业绩。为了让员工不至于囊空如洗，那一年公司给他们加了薪，但也告诉他们将来薪水会固定在这一水平。

这是伍德福德力求区别于业界对手的另一种方式，一些对手公司每年发出数百万英镑奖金，而且通常是在表现不佳的时候。“没有哪个公司在浮动薪酬制度上采取严紧规定，这在当时是史无前例的，”与资产管理公司合作的薪酬专家蒂姆·赖特说，“业内有些人认为这是一个大胆的举动，另一些则认为这很疯狂。值得注意的是，当时没有人表示会效仿。”

在旁人看来，事情的进展对于伍德福德而言简直太顺利了。但其实在公司内部，已是祸起萧墙。

二

一开始是史密斯和汉密尔顿这两个原合伙人宣布退出，而这距离他们帮助伍德福德创立公司才过了六个月。他们的离开始料未及。汉密尔顿和史密斯开始质疑伍德福德投资一些不太知名的公司后，那些在伍德福德的新组织工作的人感觉到，这几个合伙人之间的紧张气氛上升到了极点。

“离开景顺控股的全部意义就是摆脱合规的束缚，”一名前同事说，“尼尔认为他的能力可以迁移到私有企业上，然而事实并非如此。”

然而，这两位怀疑者（也就是创始合伙人的一半）的离开并没有让伍德福德停下来反省。相反，他对名不见经传的小公司的追逐越来越热烈。伍德福德和纽曼将注意力转移到了另一只新基金上。2015 年 4 月，耐心资本信托正式推出，这是一只上市投资信托，目标是投资增长机会诱人的小规模公司。在股票市场上市的投资信托和开放式基金的特点不同。最显著的区别是，投资信托有一个固定的资金池，储户通过在股票市场购买信托份额来进行投资。另外，投资信托还设有一个董事会，目的是提供一层额外的监督力量，加强投资者保护。伍德福德的旗舰股权收入基金主要投资的是成熟的大公司，与其不同的是，通过耐心资本信托，投资者会间接投资 60 至 80 家知名度较小的公司，以及还未上市的公司。

2014 年末，在为《投资者年鉴》执笔的一篇文章中，伍德福德简述了他大规模投资初创公司的雄心。“早期公司不被青睐，但我认为这类被低估的资产有着巨大的待发掘的潜力。”他写道。伍德福德承认投资这类公司的风险“比更主流的投资领域更高”，但是他坚持认为尽管如此，它们提供的潜在回报“极具吸引力”。

“虽然最初这些早期公司放在组合里来看规模很小，但我们预计它们会逐渐成熟壮大，”他写道，“在很多方面，我和我的团队对组合里的所有其他股票都一视同仁。不论是“富时 100”、中盘股、另类投资市场上市股还是非上市公司，我们看待所有公司的眼光、采用的估值方法都是一样的。”[36]

对于一些人而言，采用这种方法根本不合理。“你怎么能给还没盈利的股票估值呢？”贝斯特投资公司的霍兰说，“风险资本投资是一种非常不同的投资过程，和投资流动性好、自由现金流充足的大型股票完全不同。典型的风投公司会精耕深研，通常配有 15 名投资专家。”

尽管如此，伍德福德的想法引起了投资者的共鸣。耐心资本推出时吸引了 8 亿英镑资金，再次创下融资纪录，这一次是在上市投资信托领域。上一个纪录是水星欧洲私有化投资信托在 20 年前创下的，当时获得了 5.4 亿英镑融资。[37]

随着第二只基金的成立和运行，伍德福德的帝国已经从投资者那里募集了 90 多亿英镑，其中大部分是在他的旗舰产品股权收入基金中。然而，还有一个招徕投资者的机会。2017 年 3 月，伍德福德推出了收入聚焦基金，相比主打的股权收入基金，他承诺更集中地投资若干有潜力产生更高回报的公司。事实证明这又是一个聪明之举，收入聚焦基金筹集资金超过 5.5 亿英镑。该基金一开始仅持有 50 只股票，而股权收入基金为 131 只。[38]

自成立到 2017 年中旬，股权收入基金中的资产增至 102 亿英镑，收益率接近 40%，轻松跑赢同行业基金 25.7% 的平均表现。伍德福德似乎势不可挡。同时，他的公司财务表现极佳，截至 2016 年 3 月的一年里实现了 3540 万英镑的利润。那一年，伍德福德和纽曼分别赚了 720 万英镑和 390 万英镑。

资产激增的同时，伍德福德又购置了一件贵重商品——位于德文郡索尔科姆的一栋六居室度假屋。2017 年，伍德福德和妻子以 600 多万英镑买下了这处房产，并花了相当大一笔钱进行扩建，装配上板岩地板、健身房和木质阳台。《每日邮报》将这个坐落在悬崖半腰上的房子比作“邦德恶棍的巢穴”。[39]

至此，伍德福德的公司发展得如火如荼。办事处的员工增加至 40 人左右，不过只有极少数是女性，其中包括人力资源总监以及伍德福德和纽曼的私人助理。另外，伍德福德还招了一支合同工大军来协助各项 IT 项目，有时候，他们的数量甚至超过了固定员工。

虽然伍德福德离开了亨利镇，但是他的某些工作习惯还是和以前一样。他保留了一间用玻璃隔开的办公室，和其他员工分隔开来，以便专注于管理从客户那里积累的数十亿英镑资产。这种安排也让人更容易察觉到他忍不住要发飙的时候。“要是尼尔在办公室里情绪不佳，你肯定能听见，”一名前同事说，“因为是玻璃隔断，所以什么都听得见。但他从来不是对某个人发脾气，而是对自己当时做的工作很恼火。”

伍德福德在极短的时间里打造了一个令人惊叹的帝国。但是那些他最亲密的工作伙伴却感觉他的个人野心是为了向前东家证明自己。“我们谈到要创建一个革命性的企业，但潜台词都是‘我们要把景顺的钱全都抢过来’。我觉得不把景顺榨干，尼尔和克雷格是不会满意的。”另一名前同事说。

因为我一直爱你

第五章 最卖力的支持者

一

尼尔·伍德福德很少有需要打领带的时候，但这是个特殊场合，他需要看起来合乎身份。距离他的股权收入基金正式启动只有几天时间了。伍德福德在为一个推广视频接受采访，这个视频将在英国当前最大的投资平台哈格里夫斯·兰斯多恩公司的网站上播放。这个位于布里斯托尔的公司使出浑身解数搭建了一个录影棚，并选派了一名自由记者对伍德福德进行采访，询问关于他的新基金的问题，以及投资者为什么应该把钱投进来。

如果是工作面试，伍德福德在镜头片段里的娴熟表现完全可以轻松通过。他被问到创业的原因，并被要求阐述对未来五年英国经济的预测。他靠坐在一张看起来不太舒适的办公椅上，双手相扣，竭力打消任何怀疑者的顾虑。他告诉观众，他会用在景顺基金时的类似方法去管理投资者的资金。他强调“一切照常”，只是这一次他将摆脱在大型组织内做事所受到的官僚主义的限制，从而能够纯粹专注于资金管理。

但这也是伍德福德向上万名潜在投资者兜售他的新基金的机会，所以他也迫切想要阐释自己相较于竞争对手的优势。“关键的区别在于，我的长期投资眼光能帮助我作出更好的判断。”他说。

将伍德福德当作偶像来崇拜的，除了他在景顺基金任职期间为其小赚了一笔的数千名投资者以外，还有哈格里夫斯·兰斯多恩公司。越来越多的投资者通过这家公司投资了伍德福德的产品。或许这并不奇怪，毕竟哈格里夫斯·兰斯多恩通过向英国公众推销他的基金赚了数千万英镑手续费。

1981 年，彼得·哈格里夫斯和好友斯蒂芬·兰斯多恩在一间闲置卧室里成立了哈格里夫斯·兰斯多恩公司。刚起步时，公司通过在报纸上刊登广告来向投资者提供单位信托基金，另外也提供税务规划帮助服务。后来，公司积累了近 150 万的客户群，旗下员工近 1 600 人。

哈格里夫斯·兰斯多恩公司于 2007 年 5 月上市，两位创始人一夜之间成了千万富翁，而且自那以后，两人的财富又翻了几倍。哈格里夫斯出生于兰开夏郡，根据《星期日泰晤士报》富豪榜，他的身价约为 24 亿英镑，在英国富豪中排名第58。[40]兰斯多恩是布里斯托尔城足球俱乐部最大的股东，拥有14亿英镑个人财富，虽然略逊一筹，但仍然极为可观。

面色红润的哈格里夫斯可以说是世界上最节俭的亿万富翁之一。他曾为节省个人税单而拒绝搬到国外，也不愿意把钱花在象征财富的东西上，比如跑车或游艇。[41]他是个热衷于政治捐款的人，曾在2016年为脱欧运动捐赠了300多万英镑，并在2019年大选前为保守党开了一张100万英镑的支票。哈格里夫斯曾担任公司的首席执行官，2010年卸任后一直到2015年之前仍在董事会任执行董事，而如今他依然是公司的大股东之一。

这个投资平台提供3 000多种不同类型的投资产品，监督着超过1 000亿英镑的客户存款，在英国投资市场影响巨大。伍德福德宣布自己有意创办新公司、推出新基金后不久，哈格里夫斯·兰斯多恩公司的市场营销部门就忙得不可开交，他们在财经媒体上刊登整版广告，同时向客户邮寄促销信息，投放数字广告。“不论是业外还是业内，伍德福德都像巨星一样受到尊重。”哈格里夫斯·兰斯多恩公司的一名前雇员说。

哈格里夫斯·兰斯多恩公司在投资基金的研究上投

入很大，并以此为傲，但同时，它的营销部门也极其强大。“他们真的可以在短时间内搞定很多事情，他们愿意花几百万英镑在媒体广告、邮寄广告和电子邮件广告上，”一名前雇员说，“这正是发生在伍德福德身上的事。”

哈格里夫斯·兰斯多恩公司以往也操盘过其他大型营销活动，目的是尽最大可能争取散户投资者的兴趣，例如2013年备受期待的英国皇家邮政的上市。在那次上市前的预备阶段，哈格里夫斯·兰斯多恩公司开展了猛烈的广告攻势，在投资者的疯狂抢购下，皇家邮政的股票被大量超额认购，而这也为哈格里夫斯·兰斯多恩公司赢得了近3万名新客户，当年平台资产也增加了130亿英镑。

尽管发行皇家邮政帮助哈格里夫斯·兰斯多恩公司斩获了大量想要交易股票的散户，但推广伍德福德的回报要有吸引力得多。因为基金业务是该公司最大的创收来源，而现在它有了英国最佳选股人的支持。

伍德福德的首只基金推出前，哈格里夫斯·兰斯多恩公司在向客户发出的推广材料中用尽了溢美之词。身为亿万富翁的创始人对这位基金经理的潜力高度赞许。“我们认为他的能力是毋庸置疑的，丰富的经验让他拥有坚守信念的底气，”哈格里夫斯在基金宣传刊物上背书，“基金一推出我就会投资，建议投资者也认真考虑一下。”

哈格里夫斯·兰斯多恩公司的研究部负责人马克·丹皮尔与伍德福德相识二十余年，也对他赞赏有加。他称伍德福德是“那个时代最杰出的基金经理之一”，并告诉平台客户，只要基金面世，自己和妻子都会投资。

在这个被纳入“富时 100”指数的经纪公司里，马克·丹皮尔影响力巨大，他从 1998 年开始在这里工作，直到 2020 年 8 月退休，在此期间，他累计持有公司价值数百万英镑的股份。同时，他还组织构建了颇具影响力的“财富 150”名单，精选了平台上最受青睐的基金。后来，伍德福德的基金开始出问题，但该名单依然决定将其纳入，因而引来了媒体的严格审查。

二

在哈格里夫斯·兰斯多恩公司位于布里斯托尔的办公室二楼，聚集着一众该投资公司最为位高权重的高管。

这里就是丹皮尔和其团队的大本营，坐在他们附近是由李·嘉德豪斯带领的负责监督公司多重经理人基金[1]的同事。哈格里夫斯・兰斯多恩公司一部分最有名的代言人（包括汤姆·麦克费尔、丹尼·考克斯和莱思·哈拉夫）的座位也分布在办公室这个至关重要的角落里。

在哈格里夫斯的自传里，他坚持认为，为了提高效率，开会时不应该有椅子[42]。尽管已经辞去了首席执行官的职位，但他在研究团队旁边仍有个位子，而2017年以前担任首席执行官的伊恩·戈勒姆就坐在几步之外。

“彼得从不参与研究讨论，但是他在办公室的时候，总是有种不一样的感觉。就好像周围有某种强大的个性气场。”哈格里夫斯・兰斯多恩公司的一名前雇员说。

伍德福德的基金预备亮相的前夕，哈格里夫斯・兰斯多恩公司办公室的这个区域忙得热火朝天，营销团队的同事在研究部忙前忙后，讨论着即将印发的宣传材料中要包含的内容理念。哈格里夫斯・兰斯多恩的投资者一眼就能认出满头银发的丹皮尔。他留着浅浅的胡子，总是露出愉快的笑容，这张脸经常出现在他为平台的《投资时报》杂志撰写的文章一侧，他还对伍德福德进行过视频采访，内容是讨论他的基金的前景。

---

[1]多重经理人基金是指基金经理不直接将基金资产投资于股票、债券等证券产品，而是将资产委托给其他基金经理管理的基金产品。

鉴于伍德福德的地位，他的新基金很自然地入选了哈格里夫斯·兰斯多恩极具价值的“财富150”名单。这个名单创建于2003年，由丹皮尔负最终责任，留在名单上的基金均通过了严格的调查程序。虽然伍德福德的新基金没有业绩纪录，但丹皮尔表示，他“毫不犹豫”地将其请进了平台的荣誉殿堂，因为伍德福德在景顺基金时取得了非凡的业绩。

后来，丹皮尔在2015年出版了一本名为《有效投资》的书。他在这本书中表示，伍德福德的股权收入基金是他为个人养老金自助投资的前十大持仓之一。他在书中写道：“我的个人储蓄账户中最大的一笔投资（约40%），是我在哈格里夫斯·兰斯多恩公司中拥有的股份。其次就是伍德福德的耐心资本信托。”对于后者，他表示：“我期待能从中获得可观的长期资本利得。”[43]

“财富150”仅仅是英国投资平台提供的众多所谓“买入名单”中的一个，这些名单可以帮助客户在成千上万的基金中缩小选择范围。随着更多的储户不再寻求理财建议，而是自行掌管投资事务（通常是线上投资），“买入名单”也越来越受欢迎。

一些人开始质疑，伍德福德的新基金被纳入“财富

150”名单之前是否受到足够的审查。“鉴于基金的发行规模和公众的兴奋情绪（这都要归功于哈格里夫斯），我还以为会有更细致周全的分析，”哈格里夫斯·兰斯多恩公司的一名前职员说，“这似乎更像是难得一遇的最佳营销机会，既然尼尔和他的投资能力早在他就职于景顺控股的时候就被证实了，那么我们就不再挑骨头了。”

在极少见的情况下，伍德福德会拜访位于布里斯托尔的办公室，而这位基金经理所作的展示总是十分笼统。“没有人对他的陈述过程挑刺或诘问，”哈格里夫斯·兰斯多恩公司的一名前雇员说，“他只会更新一下基金的最新情况。他的基金代表客户投资的资金数以亿计，怎么也不该如此语焉不详。”

哈格里夫斯·兰斯多恩公司全力支持伍德福德的新基金，并为其客户争取到了费用折扣，也就是说，他们的客户认购股权收入基金仅需支付 0.6% 的管理费，而在其他渠道购买需支付 0.75%。2019 年 1 月，当“财富 150”重新推出并改版为“财富 50”时，管理费进一步降低到了每年 0.5%。

而无人能料，六个月后，伍德福德将大难临头。

哈格里夫斯·兰斯多恩公司吹嘘自己具有为客户降低成本和费用所必需的议价能力。该平台称，仅2018年一年，其为客户节省的费用就超过6 100万英镑，而这都归功于公司与部分基金经理的交涉。[44]然而，由于不受监管制约，该公司的“买入名单”饱受诟病，被认为只不过是一种营销噱头。一些人还指出，某些基金能占据重要地位，是因为它们能为平台带来更多业务，尤其是那些投资者需求旺盛的重磅产品。

基金推荐名单的影响力巨大。在英国，由于监管制度的改变，理财顾问推荐特定产品不得再收取佣金，如此一来，获得独立的理财咨询服务变得越来越昂贵。因此，越来越多的散户开始自主作出个人理财决策，而他们在选择投资产品时也越来越依赖这类名单。

对于基金经理而言，被列入推荐产品名单可以带来巨大的好处。金融行为监管局于2017年的一项研究发现，在一个平台将一只基金加入买入名单之后的一年里（前提是该平台仍然推荐这只基金），这只基金平均将增加590万英镑的资金流入。[45]就哈格里夫斯·兰斯多恩公司而言，由于伍德福德同意给予费用优惠，因此通过该平台投资他的股权收入基金是最划算的。除了伍德福德收取的管理费以外，哈格里夫斯·兰斯多恩公司还按投资者持有金额的 0.45% 征收平台手续费。

因此，吸引到伍德福德这一重磅基金里的资金越多，平台坐收的渔翁之利就越多。

英国最卖座的基金经理之一特里·史密斯，一直以来都对哈格里夫斯·兰斯多恩公司有意见，因为该平台没有将他最畅销的基金史密斯股权基金[1]纳入推荐买入名单，尽管这只基金业绩纪录不俗。史密斯的基金自成立以来，回报率超过 400%，如今管理资产超过 200 亿英镑，是股权收入基金 2017 年巅峰时期监管资产的两倍。史密斯称，哈格里夫斯·兰斯多恩公司之所以连续拒绝将他的基金列入买入名单，是因为他的收费结构和公司的费用模式有分歧。

“每一次和哈格里夫斯·兰斯多恩公司洽谈，我们都在强调不愿意给他们特殊优惠。”他说。史密斯称，基金经理和平台协商的独家费用会对投资者造成困扰，因为将来投资者可能希望把资产转移到另一家没有这种收费协议的投资平台。

---

[1]基金史密斯（基金史密斯资产管理公司）是英国基金经理特里·史密斯创立的一家资产管理公司。

“想象一下，你在哈格里夫斯·兰斯多恩公司的平台上投资了伍德福德的基金，享受特殊费用折扣。可能你对伍德福德很满意，但是对哈格里夫斯有意见，所以你想换一个平台。因为那个平台没有相同的份额类别[1]，所以严格来说，这就相当于赎回，你就必须交资本利得税。这只是其中一种意料之外的后果。”

史密斯原本对哈格里夫斯·兰斯多恩公司生成名单所采用的研究程序颇有意见，但在他的股权基金推出十年后，他接受了一个事实，那就是他可能永远进不了这个名单。“我不在乎他们的买入名单里有没有我。实际上，有我才担心。”他说。

最近，哈格里夫斯·兰斯多恩公司表示，阻碍基金史密斯股权基金入围的因素，是史密斯拒绝提供月度持仓和流动性数据。

哈格里夫斯·兰斯多恩公司的投资分析总监埃玛·沃尔表示：“我们需要这些数据来对基金和基金经理的业绩纪录作出全面的定性和定量分析，以调整我们对基金未来表现的预期，并对组合的变动保持更新。有一些基

[1]不同的基金份额类别主要的区别是费用结构不同（如申购赎回费）。

金经理提供这些数据的频率不够高，因此我们无法作必要分析，基金史密斯股权基金就是其中之一，他们更倾向于提供半年度数据，而不是月度数据。

“虽然对已有的最新数据的分析显示，基金史密斯股权基金很可能有资格入围名单，但是我们恪守公司治理和风险管理的规定，不能破例。”

对哈格里夫斯·兰斯多恩公司而言，与伍德福德的关系极其有利可图。股权收入基金被平台列入优选基金名单大力推广的四年里，哈格里夫斯·兰斯多恩公司将 4 000 万英镑手续费敛入囊中，占全公司同期总收入的近 2%。

约 13.4 万名哈格里夫斯·兰斯多恩公司的客户直接投资了股权收入基金。投资者人均持有金额逾 8000 余英镑。除此以外，还有另外 15 万多名客户通过其他渠道投资伍德福德，这些客户中有的选择直接投资，还有的通过平台自有的多重经理人基金进行投资。

哈格里夫斯·兰斯多恩公司共有十只由内部基金经理看管的基金，而这些基金又投资其他基金，比如伍德福德运作的基金。这些多重经理人基金中有六只投资了伍德福德的旗舰产品股权收入基金。总体上，截至 2019

年 6 月，哈格里夫斯·兰斯多恩公司的客户投资于伍德福德基金的数额为 16 亿英镑。

哈格里夫斯·兰斯多恩公司的多重经理人管理团队由李·嘉德豪斯带领。2013 年，监管规定发生变化，推荐特定产品禁止再收取佣金，从那以后，这支多重经理人管理团队成为公司越来越重要的收入来源。“不要低估哈格里夫斯自有的多重经理人基金，”哈格里夫斯的另一名前雇员说，“公司不得不由销售其他人的基金转为销售自己的内部员工。那时候李和他的团队在公司里的地位越来越重要。”

一些人开始质疑哈格里夫斯·兰斯多恩公司与伍德福德的关系，不理解为什么他被默认列入“财富 150”名单。他们担忧的是，公司对这位基金经理个人的关注，似乎超过了他运作的基金的实际内容，及其对公司客户的适合性。

即使伍德福德的主打基金表现开始走弱，哈格里夫斯·兰斯多恩公司依然支持这位基金经理。他的产品仍停留在极富影响力的买入名单里。“我们认为唱衰尼尔·伍德福德为时过早，”哈格里夫斯·兰斯多恩公司的投资分析总监理查德·特罗韦，在 2018 年 1 月执笔的一篇文章中写道。[46]那时，出于对业绩表现的担忧，投资者早已开始逃离股权收入基金，2017 年，该基金中的资产就减少了 15 亿英镑。

“当一个基金经理表现不佳时，投资者很自然地想要了解原因，以便决定是否继续持有这只基金，”特罗韦继续写道，“但如果这只基金是尼尔·伍德福德管理的，那么关于他的负面报道就可能是在小题大做，毕竟他是英国最引人注目的基金经理之一。”

不过，资金流出的规模之大，引发了哈格里夫斯·兰斯多恩公司又一次对伍德福德进行了视频采访。采访地点是在位于牛津郡的伍德福德公司总部，只是这回，伍德福德丢弃了衬衫领带，以一身标志性的黑色线衫和牛仔裤亮相，他办公室的白墙上点缀着色彩斑斓的艺术品，丹皮尔则坐在伍德福德对面的一张时尚休闲躺椅上。这回的拍摄气氛和伍德福德基金启动前夕时截然不同，主题也不同，不是竭力推销他的基金，而是一次“审时度势”的机会，哈格里夫斯·兰斯多恩公司的网站上用了这样的字眼。

至此，伍德福德投资非上市公司的比例已经上升到了 9.5% 左右，随之而来的是层出不穷的质疑声，丹皮尔问伍德福德是否觉得基金的风险因此变得更大了。

“不，我不觉得，”伍德福德说，“很显然这些公司更年轻，人们认为它们比成熟企业风险大得多，从某种程度上讲，我不会和持有这种论点的人抬杠。但是我认为，人们对风险的认知远不符合现实。”伍德福德辩护道，他投资的许多年轻企业早已渡过了发展过程中风险较大的阶段，它们已经从早期的构想发展到了商业化阶段。

即便权威金融专家和媒体都已经开始质疑股权收入基金的表现，这只基金仍赫然出现在哈格里夫斯·兰斯多恩公司极具影响力的买入名单里。人们开始质疑英国最大的投资平台与这个国家最卖座的基金经理之间的关系，并怀疑平台是否做了充分的工作来约束伍德福德。哈格里夫斯·兰斯多恩公司毕竟从一开始就强烈支持伍德福德，如果对他的表现或选股方法公开表示担忧，不仅可能会让投资者望而却步，而且还会颜面扫地。

“哈格里夫斯·兰斯多恩公司很清楚他们为了宣传这个人耗费了多少时间和金钱，实事求是地讲，他们能怎么办呢？”哈格里夫斯的一名前雇员说，“如果三年后他们态度一转，说尼尔出了岔子，看起来会很傻的。”

股权收入基金暂时关闭后的几个月里，伍德福德与哈格里夫斯·兰斯多恩公司的紧密联系受到了严格审查。基金冻结前一个月，丹皮尔和妻子安妮特以及嘉德豪斯抛售了哈格里夫斯·兰斯多恩公司价值600多万英镑的股份。这个时机或许只是个巧合，或许他们只是想在股价上涨时获利了结（2019年5月，哈格里夫斯·兰斯多恩公司的股价创下历史新高）。股权收入基金暂时关闭时，丹皮尔仍有资金投入在里面，除此之外，他还持有伍德福德的另外两只基金，并且从未卖出。然而，抛售股票的举动帮助他们躲过了一劫，因为那段时间，哈格里夫斯·兰斯多恩公司因伍德福德的败落被卷入纷争，股价出现了双位数下跌。

与此同时，哈格里夫斯·兰斯多恩公司的首席执行官克里斯·希尔正竭尽全力安抚愤怒的投资者，为什么一只被冻结的基金会被长期大力宣传，这些投资了伍德福德的人想要一个答案。希尔向成千上万名存款被套牢在伍德福德手上的客户致歉，表示他能理解他们的“失望和沮丧”。后来，他宣布将会放弃2017年获得的170万英镑奖金，丹皮尔和嘉德豪斯也采取了同样的做法。

现在，哈格里夫斯·兰斯多恩公司不得不对其给予伍德福德的支持进行深刻反省，尤其是任由他的基金列入买入名单，且一直保留到被关闭的那一刻。公司对伍德福德的低眉顺眼尤其激怒了一个人。那就是公司的联合创始人彼得·哈格里夫斯。他再也抑制不住自己的怒火了。

“看起来，他（伍德福德）对哈格里夫斯·兰斯多恩并没有坦诚相待，这一点太让我生气了。但我气的还有，这么久以来他们就这样放任不管，”在伍德福德的帝国最终倒塌前一个月，哈格里夫斯告诉《星期日泰晤士报》，“伍德福德以前也经历过这种情况，而且总是能化险为夷，所以你最不愿意做的就是告诉投资者卖掉基金，然后第二周一切又好了起来。但问题是，哈格里夫斯·兰斯多恩公司已经受够他了。”[47]

讽刺的是，2015 年，在为遭遇难关的基金经理辩护时，那个将伍德福德的新基金捧上天的人，几乎都确切地指出了将来会出现的问题。丹皮尔在他的书里写道：“如果市场下跌，而像安东尼·博尔顿、尼尔·伍德福德或是奈杰尔·托马斯这样的基金经理表现得很糟糕，那并不意味着他们一夜之间就变成了差劲的基金经理。事实上，由于经验丰富，他们才是能保持镇定的人，而这正是你所需要的。你不会想要一个市场一出问题就突然表现离谱或剑走偏锋的人。那通常会酿成祸端。”[48]

若是这样的话，虽然伍德福德在市场整体下跌时表现不算糟糕，但他确实开始剑走偏锋了。

第六章 流动性陷阱

一

安德里亚·罗西是一名性格古怪的意大利企业家和发明家，他站在位于博洛尼亚的临时实验室门口，准备展示他那开创性的发明。

这里布置得既像厨房又像汽车修理间。整个房间杂乱无章。墙壁插座上插着一个电流表。桌子上放着一个水泵和四个小型气缸，连接着一堆交错缠绕的管子。屋子里到处摆放着大号的氢气罐，一条黑色软管通过墙上的洞口连接到一个水槽里。博洛尼亚的这番混乱景象和伍德福德以往投资的那些蓝筹股公司的豪华会议室完全是两个世界。但在伍德福德作出的金额最大、最富争议的一项投资中，罗西的这套装置将发挥关键作用。

科学调查记者、低能核反应研究专家史蒂芬·克里维特对罗西进行了视频专访。在此之前，罗西声称自己成功设计出了一种可商业化的能量制造方法，这种方法运用了产生太阳能量的核反应原理，只不过在室温下就能进行，也被称为冷核聚变。

这是科学家们几十年来一直想要实现的突破。因此罗西唯一需要做的，就是证明他的方法有效。[49]

“欢迎来到我的实验室。”罗西操着一口浓厚的意大利口音说道。他穿着一件浅蓝色体恤衫，打着领带，一只手拿着一个袖珍计算器，另一只手指着各种仪表和温度计，在瓷砖地板上来回踱步。他戴上老花镜，在各式各样的设备前停下来检查读数。

房间里的设备倒是花里胡哨，最终结果却令人扫兴。在外行人看来，罗西的设计成果只不过是从一根软管末端冒出来几股蒸汽而已。克里维特将采访罗西的视频上传到他的网页后没多久，科学家和工程师们就开始挑这套装置的漏洞，并且质疑罗西根本就是个计划周密的骗子。克里维特表示自己在前往意大利拍摄罗西的前一年就对他心存疑虑。而在碰面之前的几周里，罗西的表现又加深了他的怀疑。

“我问了罗西一些简单的背景问题。他人很友好，看起来很自信，对我的要求回应也很热情。之前我对他和他的言论评价很苛刻，现在我的态度有所缓和，”克里维特说，“但是在采访日的大概两周前，我让罗西准备一些能展示实际数据的文件。就是那时起，他开始闪烁其词，回避我的问题。”

罗西的过往充满了波折。二十世纪七十年代间，他声称自己发现了一种能将大型工业废料（如旧轮胎）转换成燃料的方法，并创办了一家叫“汽油龙”的公司。然而，该公司被迫关闭，罗西也因环境犯罪和税务欺诈被捕入狱，虽然后来大部分罪名并未成立。[50]

尽管罗西的过去劣迹斑斑，并且冷核聚变界内人士也一直想揭穿他发明的所谓 E Cat，他还是成功吸引了汤姆·达顿的注意力。达顿是位于北卡罗来纳州的一家私募公司——切罗基投资合伙人的首席执行官。他同意就罗西的技术发明签订专利使用权协议，并在 2012 年成立了工业热力公司，试图吸引资金，实现商业化运作。该公司获得了各界人士的大力支持，其中最有名的就包括好莱坞演员布拉德·皮特和史蒂夫·乔布斯的遗孀劳伦·鲍威尔·乔布斯。[51]

尼尔·伍德福德也将他管理的股权收益基金和耐心资本信托中超过五千万英镑的投资者资金投向了工业热力公司。

罗西自己完成对该技术的尽职调查测试后，工业热力公司向他支付了1150万美元，但2016年双方关系恶化，最终罗西以仍有8900万美元许可协议费用未支付为由起诉了工业热力公司。2016年3月3日，工业热力公司的首席运营官JT·沃恩向伍德福德和他的团队发送了一封邮件，表示其无法对罗西的技术进行独立测试。这个消息给了伍德福德当头一棒：工业热力公司是耐心资本信托持仓最多的公司。

保罗·拉玛克拉夫特是一名为伍德福德效力的基金经理，他用邮件回复沃恩道："这太令人失望了，毕竟罗西的技术是初始投资中最核心的要素。"[52] 最终，罗西和工业热力公司选择私了并分道扬镳了。在伍德福德的职业生涯中，大盘股曾为他自己和他的投资者们带来了丰厚的回报，但他却将资金豪掷于风格大相径庭的领域，在工业热力公司下的赌注仅仅是其中一个例子。

伍德福德的一个前同事表示，公司对于一些上门来寻求资金的早期企业，尽职调查做得还不够。"成功的私募人士或风险投资人会告诉你，他们有一个淘汰程序，"这名前同事说，"那些公司的言辞可能经过了精心修饰，但你必须擦亮眼睛，见招拆招。伍德福德团队对商业计划书的解读很多都是流于表面。"

据一名前雇员说，至少有一个几百万英镑的潜在投资项目被踩了刹车，因为那家寻求资金的公司不停地向伍德福德团队询问最新进展情况，这一举动给他们敲响了警钟。有一次，该公司的代表甚至在盖辛顿路办公室对面的壳牌加油站，给伍德福德团队的一名成员打电话，主动提出向其提供更多可能会需要的材料，以便迅速确认投资项目。这种怪异的行为立刻引起了怀疑。

投资工业热力公司的经历，让伍德福德团队深刻认识到了投资小公司的高风险。但他们投资非上市公司的比例很高，截至 2018 年末，占耐心资本信托资产的 65%。一般而言，这没有什么问题，但伍德福德即将遇到麻烦。他将开始收到越来越多投资者将资金从他主打的股权收入基金中取出的要求，而该基金中也持有部分上述非上市的股票。

后来，当伍德福德设法筹钱偿还那些想要弃船而逃的投资者时，他在某些相对不知名的公司中的投资将成为他最头疼的问题。利用人工智能探寻新药物疗法的慈善人工智能公司，是耐心资本中持仓最多的非上市公司，也是伍德福德旗舰基金中的第一大非上市重仓股。这个位于伦敦的初创公司很早就得到了伍德福德的支持，其估值曾一度达到 20 亿美元。2015 年在另类投资市场重磅上市的另一家生物科技初创公司弗斯安，也是伍德福德的心头之好，该公司同样被纳入了股权收入基金中。

然而，这位基金经理对此类性质的公司的喜好开始引来了众人非议，尤其是来自其他专业投资者的非议，他们能感觉到伍德福德正误入他自己一无所知的领域。“伍德福德有两次成功的抉择：避开互联网和金融危机。但那和投资生物科技股有着天壤之别。你凭什么觉得你有这个能力？”一名基金经理说。

伍德福德在某些早期公司的持仓后来将带来严重问题，但他不愿意卖掉他认为的好投资。他相信，其中一些公司终将在世界上最大的股票市场上市，而这些公司成为上市实体后，将反过来降低他在非上市公司的投资比重。同时，伍德福德必须想办法确保既能继续支持他最喜欢的一些公司，又不会违反游戏规则。

二

伍德福德本应遵守在投资非上市公司方面的限制，然而 2017 年年底时，他即将逼近危险的边缘。诸如伍德福德的股权收入这类开放式投资基金，必须遵守欧盟的一项关键监管框架，也就是“欧盟可转让证券集合投资计划”，该计划要求投资于非上市公司的资产数额不得超过 10%。

Ucits 被视为欧洲最成功的案例之一（至少在投资界人士眼中是如此），远至亚洲的投资者都选择投资欧盟基金，因为他们知道欧盟基金会受到监管机构的严密监督。和某些将客户长期绑定的投资产品不同，这个体系下的基金允许投资者在短时间内赎回资金。对非上市资产施加的 10% 上限，是为了确保基金有足够的资金投入在高流动性公司，也就是那些在大量投资者集体想提取资金时，股份能轻易卖出的公司。

早在效力于景顺基金时，伍德福德就已经开始误入了非上市公司的歧途，但那时候他的配置数额还没有大到引起担忧。“那时候他好像并没有深陷其中，”切尔西金融服务公司的达赖厄斯·麦克德莫特说，“（在景顺基金时）他的收入基金和高收入基金中，非上市股票从来没有超过 5%。尼尔对银行、石油或烟草公司的眼光，在他创造的收益中一向都是更重要的因素，而他是否在一家非上市公司持有少量股份则没那么重要。那从来都不是他工作的重点。”

如今，伍德福德越来越急于投资更多资金在鲜为人知的公司上，这让他与哈格里夫斯·兰斯多恩公司的关系开始紧张起来。2017 年 11 月，这个投资平台注意到股权收入基金中小规模和非上市资产的比例大增，于是开始在私下对伍德福德的做法表示担忧。同月，丹皮尔会见了伍德福德，希望他保证问题能够得到解决。伍德福德和他的团队告诉哈格里夫斯·兰斯多恩公司，他们绝不会再向非上市公司投入新的资金。

两人的会面本身没有什么不寻常。自从平台将股权收入基金列入买入名单后，伍德福德已经和哈格里夫斯·兰斯多恩公司会见了三十多次。但哈格里夫斯·兰斯多恩总感觉伍德福德似乎没有对他布里斯托尔的朋友们开诚布公。公司内部开始出现担忧，而引发担忧的不只是伍德福德在其主打股权基金上所采取的做法。

“收入聚焦基金的理念是只投资收入型股票。但感觉这只基金虽然标榜是收入型基金，但实际上却投资了风险高、流动性差的股票，”哈格里夫斯·兰斯多恩公司的一名前雇员说。哈格里夫斯·兰斯多恩公司要求伍德福德和他的团队恪守欧盟对投资非上市公司的严格规定，降低预警门槛，以确保不会超出界限。这是一条不可跨越的红线。伍德福德承诺，如果越线，他将立刻告知平台。

然而几个月后，伍德福德的基金仍两度超过了 10% 的上限，一次是在 2018 年 2 月，另一次是 3 月。但他没有告知哈格里夫斯·兰斯多恩公司。后来，伍德福德和他的团队声称，通知哈格里夫斯·兰斯多恩公司的约定仅包括月底超上限的情况，不包括月中无意间发生的情况。

伍德福德不得不想办法，在保住一些他认为最有前景的非上市公司的同时，确保他的基金不会违反监管限制。为此，他发起了一项非常规操作，那就是将一只基金中价值 7 300 万英镑的非上市股票转移至另一只基金。根据这项决定，股权收入基金将出售五家非上市公司的股权，以换取耐心资本信托的份额。此举成功降低了股权收入基金中非上市企业的占比。

伍德福德的另一个不寻常的举动，是将持有的部分非上市公司在根西岛的国际证券交易所上市。哈格里夫斯·兰斯多恩公司的创始人斯蒂芬·兰斯多恩是这个小型交易所的大股东之一，2017 年以前，他一直担任该交易所的副董事长。

伍德福德投资的一家伊维萨岛地产开发商沙宾纳庄园表现特别强劲，他认定这家公司具有强大的长期发展前景。将沙宾纳的股份在国际证券交易所上市，不仅能让伍德福德继续投资该公司，还能让他的主打基金不会违反非上市资产持仓额度的监管规定。2017 年，伍德福德作出了将持有的公司转移到根西岛交易所上市的决定。

之后的两年里，伍德福德对他持有的慈善人工智能公司采取了同样的做法。慈善人工智能公司是股权收入基金中持仓最多的非上市公司之一。他在科技公司奥博集团和工业热力公司的股权也在根西岛上市了。由于严格意义上这些股份被分类为上市股票，因此这个举措让伍德福德得以规避了基金中能够持有非上市股票的比例的规定。但是，这种决策后来将会反咬伍德福德一口，并将在根西岛交易所和英国监管机构之间引发一场公开的唇枪舌战。

三

二十世纪九十年代末，保罗·霍奇斯在施罗德集团担任保险分析师，当时他撰写了一份将会让尼尔·伍德福德大捞一笔的研究报告。

那时市场上有一种观点，认为世界上的一些超级烟草业制造商正面临遭到个人和地方机关诉讼的巨大风险，这些个人和地方机关想控告他们，要求他们承担人们因长年吸烟而导致的医疗支出。但是霍奇斯的研究报告称，如果法庭申诉成功，英美烟草集团等烟草巨头投保的保单将让他们免于自掏腰包。

因此，霍奇斯的结论是，烟草股票被严重低估了。

这份研究足以令伍德福德信服，因此他开始长期投资世界上最大的一些香烟制造商。“烟草股票位于底部时，霍奇斯劝伍德福德买入。他照做了，然后狠狠赚了一笔。他从来没忘记这事。”一名资深投资银行家在解释伍德福德和霍奇斯之间的紧密关系时说道。离开施罗德集团后，霍奇斯在高林斯特担任股票经纪人，后来他协助创办了森科斯证券，带领团队负责帮助企业上市。

森科斯成了伍德福德最喜欢打交道的券商之一。他大笔投资那些由霍奇斯和他的同事们负责上市工作的公司是司空见惯的事。森科斯成为了加速首次公开发行（accelerated IPOs）的先驱者。加速首次公开发行可以让公司以更快速的路径在股票市场上市。[53] 具体的做法是，由一群基石投资者事先以商定好的固定价格认购公司大部分股份，紧接着再上市让其他投资者参与认购。

对于森科斯而言，有伍德福德这种明星经理的支持，只会引起其他大型投资者的兴趣。早在景顺基金效力时，伍德福德就支持了大量森科斯参与发行的新公司，包括碳交易集团交易排放公司以及可再生能源公司绿叶清洁能源。“尼尔就是一只会下金蛋的鹅，”伍德福德的一名前同事说，“从森科斯的角度来说，不管他们向伍德福德灌输什么想法，他都会支持。在非上市公司的投资方面也有这部分因素。他根本不管基本面就为那些故事买单了。”

故障抢修服务公司 AA 集团，是伍德福德单干后支持的第一批由森科斯主导上市的公司之一。森科斯同时也负责代理切尔卡西亚公司和斯托巴特集团的股票，这两家公司也是伍德福德在股权收入基金中买入的公司。然而，这些新上市的公司中有几家表现极其惨烈，其中 AA 集团、切尔卡西亚公司和斯托巴特集团的股价在五年时间里都遭遇了大幅下挫。伍德福德在森科斯的引荐下投资的其他一些公司也惨败收场，包括位于英国的干细胞研究公司再生神经元和动物保健公司基准控股。由森科斯代理首次公开发行的生物科技初创公司弗斯安，在2015年得到了伍德福德的支持，后来该公司股价暴跌，融资困难，最终被另类投资市场摘牌。

森科斯协助上市的公司成功率如此之低，伍德福德还继续与其有业务往来，这让其他投资者百思不得其解。“没有哪个基金经理能忍受一家业绩纪录差成这样的券商。”一名专业投资者说。2018年1月宣布的一项劳资审裁判决，揭露了与伍德福德的关系对于森科斯而言有多重要。

森科斯的雇员纳维·马利克是该券商生命科学研究部的主管，他的妻子购买了一家刚成为森科斯客户的公司的股票，事情暴露后，霍奇斯向马利克发出了书面警告。这个举动违反了公司的内部政策，但马利克并没有被解雇。判决表示：“霍奇斯先生决定再给（马利克）一次机会，是受到了马利克与一名机构投资者的关系的影响，这名投资者与森科斯有着频繁的工作往来，他就是伍德福德投资管理公司的伍德福德先生。”[54]

当时，霍奇斯根本不知道，在有关另一家伍德福德大力支持的公司的争议中，马利克将成为关键人物，这家公司就是位于美国的生物科技公司西北生物治疗。

马利克是西北生物的非执行董事，这个职位是森科斯让他担任的。然而，他没有披露自己同时也是该公司的一名股东。马利克向伍德福德引荐了西北生物，伍德福德后来在他的股权收入基金和耐心资本信托中购买了这家公司 28% 的股权。这笔投资成了伍德福德又一次触目惊心的赌注。

2015 年 10 月，西北生物的股价大幅跳水，诱因是一群自称为“第五级”的匿名医疗分析师发布了一份强烈谴责该公司的报告。由于“第五级”在做空西北生物，因此他们有意打压该公司股价。他们指控西北生物的首席执行官琳达·鲍尔斯，将公司现金转移到了她控制的其他机构。在报告中，“第五级”没有提供任何支持其言论的证据，却导致西北生物的股价在三个月内跌去了 50% 以上。

这一次惨败促使伍德福德对西北生物施压，要求其任命前联邦调查局特工兼法务会计师埃利奥特·利里为非执行董事，带领团队对指控进行调查。西北生物一开始答应了，并会见了利里，但他们断定利里既没有医药行业的经验，也没有担任董事席位的必要经验，于是拒绝了伍德福德委任他的建议。最后，西北生物安排了一名同样也在联邦调查局工作了近三十年的会计师查尔斯·普赖斯，来负责领导对“第五级”提出的指控进行调查。

鲍尔斯否认了控诉。她表示，公司被所谓的“卖空袭击”针对了，卖空袭击的就是那些有意通过没有根据的指控，来打压一家公司股价的人所精心策划的行为。

“这种袭击行为在生物科技行业中越来越猖獗，因为许多拥有宝贵医疗创新技术的生物科技公司规模都很小、很脆弱，”鲍尔斯说，“我们对那些言论做了广泛调查，没有发现任何证据能证明其真实性。我们已经对这些虚假言论进行了详尽的反驳。”

四

伍德福德持有非上市公司的做法开始引起了金融监管机构的注意。

针对伍德福德两次违反持仓非上市公司上限 10% 一事，金融行为监管局已经与伍德福德的基金行政管理方领克公司取得了联系。领克担任伍德福德主打基金的所谓“授权公司董事”，对非上市资产的估值负责。

授权公司董事在基金管理界是一个很无趣但又很重

投资者利益得到保护以及基金履行了监管义务。

就股权收入基金而言，应当向金融行为监管局汇报的不是伍德福德，而是领克。

领克和金融行为监管局颇有渊源。在被伍德福德委任为其基金的授权公司董事之前，领克（前称卡皮塔金融管理公司）曾为两只基金执行了同样的监督工作，这两只基金后来在众目睽睽之下轰然倒台，第一次发生在距离伍德福德股权收入基金崩盘的十年前。

2009 年，阿奇克鲁基金因流动性担忧而被暂时关闭后，数千名投资者共损失了近 2.5 亿英镑。该基金被吹捧为适合谨慎储户，却投资了流动性极差的资产，包括希腊航运公司和名酒。这个丑闻导致卡皮塔金融管理公司向投资者偿还了 3200 万英镑，而这只是赔偿计划的一部分。

卡皮塔金融管理公司还担任过康诺收入基金的授权公司董事。这只于 2012 年倒台的基金同样标榜为低风险基金，却为英国房产市场中的商业地产运营商提供过渡贷款。过渡贷款公司蒂乌塔被清算后，该基金倒台，投资者损失了近 1.18 亿英镑。2017 年，卡皮塔金融管理公司最终向被困在该基金中的投资者支付了 6600 万英镑补偿金。金融行为监管局没有对卡皮塔金融管理公司处以罚款，因为他们意识到罚款意味着投资基金的储户将无法收回部分资金。[55]

金融行为监管局的一项调查结论是，当卡皮塔金融管理公司负责监督基金时，“没有充分了解基金的业务结构，以及基金作为经营者的责任和义务。”2017 年，卡皮塔集团以 8.88 亿英镑将卡皮塔金融管理公司出售予澳大利亚的领克集团，首席执行官克里斯·阿登布鲁克和关系管理总监卡尔·米德仍在公司留任。[56]

尽管领克的历史表现糟糕，但伍德福德在 2014 年自主创业时还是委任了领克。相关的工作报酬很低。“他们没从这件差事中挣到多少钱，”领克的一名前雇员说，“有很多竞争对手愿意以极低的价格接单，这是其中一个困难。另外，授权公司董事需要承担的责任很轻，所以酬劳一直都很低。”

领克向金融行为监管局发送了一份明细，列明了伍德福德在股权收入基金中的各项持仓，并按照股份出售所需的时间长短将这些公司分成了不同的“桶”。根据这份明细，截至 2019 年 4 月底，伍德福德股权收入基金中 65% 的资产，投资在了需要 31 天至超过 365 天才能出售的股份上。该基金的流动性状况相较2018年6月底有所恶化，那时需要相同出售时间的资产占比为55%。

然而，领克向监管局隐瞒了基金中部分非上市公司在根西岛上市的行动。约束伍德福德基金运营的欧盟规定，并未要求他或领克将有关根西岛的决定告知监管局，对此，金融行为监管局局长安德鲁·贝利后来承认管理条例中存在纰漏。监管局承认，直到在财经网站“城市线路”上看到有关信息，他们才知道了这个行动。2019年4月，“城市线路”发表新闻透露，由于担心工业热力公司、慈善人工智能公司以及奥博集团的估值方式不妥，根西岛股票交易所已经将上述公司暂时停牌。

国际证券交易所将这些公司暂时停牌的决定对伍德福德造成了不小的麻烦。他的股权收入基金又一次面临违反持有非上市资产监管限制的巨大风险。金融行为监管局后来称，根西岛没有联系监管局告知伍德福德将部分持仓在其交易所上市的决定。然而，在一份国际证券交易所与金融行为监管局的通信记录里，根西岛交易所的确在四月尝试过与监管局取得初步联系，只是一个月后才真正意义上通了一次电话。

直到 2019 年 5 月，伍德福德承认他迫切需要解决在非上市公司的投资，并承诺在年底之前将比例降低至 10% 以下。伍德福德希望终有一天能清空股权收入基金里的非上市股票。而新增加的非上市公司投资均会保留在耐心资本信托中。

哈格里夫斯·兰斯多恩公司终于松了一口气，对伍德福德的做法表示支持。尽管伍德福德在业绩表现上也遇到了问题，但他最大的支持者还是表露出了拥护之情。“伍德福德近期的表现当然不如人意，但是在长达三十年的职业生涯里，他仍为投资者创造了出色的回报，”丹皮尔在当时发表的一项声明中表示，“尼尔·伍德福德表现欠佳在他的职业生涯中已经不是第一次了。我们曾在艰难时期坚定跟随过他，而从以往来看，投资者的耐心得到了回报。”

然而，投资者不知道的是，留给伍德福德的时间已经不多了。

第七章

裂痕初现

一

2017 年 5 月将是伍德福德事业的最高点，但他当时并不知道。

当时，股权收入基金是英国最畅销的基金。由于大量资金不断从个人储户和大型投资机构那里涌入进来，再加上组合中的公司表现强劲，股权收入基金的资产规模已经增长至 102 亿英镑。收入聚焦基金和耐心资本信托也对公司整体的成功作出了贡献。伍德福德和纽曼掌控的资金超过了 150 亿英镑。虽然这个数字还不到伍德福德离开景顺基金前不久所监管资产的一半，但无论如何，能在创业后短短三年时间里监管数额如此巨大的资金已经是很了不起的成就了。

与此同时，伍德福德开始对股权收入基金的组合作出大胆调整，将焦点转向那些他认为在英国完成具有里程碑意义的脱欧公投后被严重低估的英国大公司。由于对医药巨头葛兰素史克的长期增长潜力失去了信心，他清仓了所持有的全部股份。他将抛售所得资金投入了几家专注于国内业务的公司，包括住房建筑商巴莱特开发公司以及泰勒·温佩公司。其中数额最大的投资之一是劳埃德银行集团，这也标志着伍德福德在2014年成立股权收入基金时短暂参与汇丰银行后第一次持有银行股份。

伍德福德认为，自金融危机以后银行业便发生了转变，他对银行向英国企业贷款的规模及其对经济的广泛影响持乐观态度。由于坚信市场对英国脱欧公投后的经济前景过于谨慎悲观，他很乐意去把握那些他认为因此被严重低估的公司。在一些观察员看来，伍德福德对股权收入基金进行换血，是为了从英国脱欧后的反弹中尝到甜头。

伍德福德对硬脱欧的可能性不予理会，他坚信如果英国能维持与欧盟的密切关系，那么股市得到提振就只是个时间问题。“如果脱欧的进展如我所料，那么我们将会看到英镑迟到已久的大幅回升，这将对英国股市产生意义深远的影响，”他在博客上告诉投资者，[57]“最后，投资者将会如释重负，并且承认英国经济实际表现得非常稳健，那些受英国经济影响的公司其实被严重低估了。”

伍德福德本应为股权收入基金突破100亿英镑大关而举杯庆祝，然而由于一系列持仓公司的表现不稳定，裂痕开始显现了。

联盟思想公司是伍德福德投资的公司中第一家给他的旗舰基金带来重大打击的公司，该公司总部位于波士顿，是一家专门从事将实验室里的想法转变成初创企业的公司。2017年4月，联盟思想公司宣布不再向旗下的七家子公司注资，以专注于更有前景的业务方案，随后，公司股价在一天内暴跌近30%。伍德福德通过股权收入基金和耐心资本信托向该公司投资了近9000万英镑，股价崩盘后他遭受了3000多万英镑的纸面亏损。

四个月后，联盟思想公司还会给伍德福德带来更多坏消息。据公布，公司2017年上半年的税前亏损增加到了近6000万美元。即便联盟思想公司的股票市值在两年内暴跌了75%以上，而且至少有一家券商下调了对公司的预期，伍德福德也依然相信它能交出令人满意的答卷。

2017年末，伍德福德的团队在公司网站上告诉投资者："我们认为，联盟思想公司的经营状况极佳，尽管其股价已经接近挂牌上市以来短短时间里所经历过的最低水平。”然而次年，联盟思想的股价又跌去了近60%。

联盟思想公司股价的暴跌，开启了伍德福德极其动荡不安的一个夏天，因为他大力支持的其他公司也纷纷发布了将令股价大跌的公告。

远见金融是一家专门从事向低信用评级的个人提供贷款和信用卡服务的快捷贷款公司。事实证明这是伍德福德作出的又一个糟糕透顶的选择。2017 年 8 月的某一天，远见金融的市值蒸发了三分之二，也就是近十七亿英镑，在此之前，该公司发布了短短两个月内的第二次盈利预警，并宣布取消向股东支付股利。同时，首席执行官彼得·克鲁克宣布辞职。远见金融被踢出了“富时 100”指数，而该公司两年前才首次出现在这个英国规模最大公司的名单中。

更糟糕的是，远见金融还透露其旗下分支万奎斯银行正在接受金融行为监管局的调查，因为他们销售了一种允许人们冻结信用卡债务的套餐业务。销售这种产品为万奎斯银行提供了诱人的收入来源，每年创造的价值约为 7000 万英镑。在这个位于布拉德福德的公司担任执行董事长的万吉特·沃斯滕霍姆接任了一把手的位置，他想方设法稳住航舵，努力兑现年初就已经启动的改革，包括更好地利用科技以及裁掉几千名兼职催收人员。

为了尽力平息投资者的担忧，伍德福德发表博文告诉他们，市场对盈利预警反应过度了，他预计远见金融集团将在未来两年里盈利大增。“我并不是在粉饰太平，这家公司的确给了市场一些情绪化的理由，”他写道，[58]“但是，我也的确认为，坚持一种有纪律的、以基本面为基础的投资分析视角是至关重要的。在任何情况下，我都不会让情绪影响我的判断，这是很重要的。”

然而，沃斯滕霍姆执掌大权仅仅三个月后便突然离世了，远见金融的股价还在延续下跌之势，这让伍德福德的情绪受到了极限考验。后来，他终于承认这是一笔错误的投资。“我认错。这就是个错误，”他在 2019 年告诉《金融时报》，“到最后，远见金融丝毫没有兑现他们跟我们说的业务重组。”[59]

投资远见金融的经历，让伍德福德的精神承受能力受到了严峻考验。然而对于他和他的投资者而言不幸的是，这类考验还没有结束。伍德福德投资的其他公司也发布了一系列灾难性的公告，令股权收入基金连遭重创。

2017 年 8 月，在上市发行期间获得伍德福德支持的汽车抢修公司 AA 集团的首席执行官鲍勃·麦肯齐，因严重渎职而被解雇。后来得知，麦肯齐在某天深夜里于一间酒店酒吧参与了一场斗殴，对方是 AA 集团的保险分部总监迈克尔·劳埃德。麦肯齐的离开导致 AA 集团的股价在一天之内跌了近 20%，公司价值被抹去了 2 亿英镑。然而六个月后，该公司还将发布更多坏消息。据公布，由于在一项新技术上投入的资金数额巨大（该技术可以在车辆发生潜在故障之前就向司机发出警告），公司 2019 年的利润将比分析师预期低 5500 万英镑。这个消息又让 AA 集团的股价大跌 28%，并给了伍德福德一记重击——他的股权收入基金是 AA 集团最大的股东之一。

伍德福德在他的三只基金中都大力投资了美国生物科技公司普罗瑟纳，而这个公司就是下一个让这位选股人头痛不已的投资对象。普罗瑟纳宣布，由于对淀粉样变（一种造成人体组织和器官内产生异常蛋白质堆积的罕见疾病）的治疗试验失败，公司将不再对该疗法进行进一步研究。消息公布后，普罗瑟纳的股价暴跌了近七成。

这已经不是伍德福德第一次被失败的药物试验伤害

了。2016 年 6 月的某一天，将伍德福德视为最大投资者的牛津郡医药公司切尔卡西亚的股价跌去近三分之二，原因是该公司宣布一项对猫过敏的治疗试验失败。这项药物试验的对象是对猫有严重过敏反应的人，试验结果显示，安慰剂对患者症状的影响和药物大致相同，而在早期研究切尔卡西亚的猫过敏治疗产品或其他潜在的过敏疗法时，伍德福德还称这种试验结果是“史无前例的”。

伍德福德的某些同事对他投资这类专业公司心怀担忧，尤其是因为这些公司在他大受散户欢迎的主打基金中占据了越来越重要的席位。“在那种游戏中你必定是个蠢蛋，”伍德福德的一名前同事说，“你的对手可是有美国机构支持的生化博士团队。你不该在一个向零售市场销售的基金产品中投资这种公司。这大错特错了。”

伍德福德故意淡化了切尔卡西亚股价的暴跌，他告诉投资者自己仍能看到长期价值。伍德福德对切尔卡西亚的拥护并不令人意外，因为这家公司的首席执行官史蒂文·哈里斯是耐心资本信托的董事会成员。

更甚者，伍德福德支持的最知名的一些股票也开始考验他的耐心了。在阿斯利康表示一项肺癌新药试验以失败告终后，该医药巨头的股价于2017年7月的某天里跌超15%，市值被抹去100亿英镑，创下了公司股价的最大单日跌幅。这个被称为“神秘”的项目曾被视为阿斯利康长期增长的关键。

就连帝国烟草也遭遇了业绩问题。伍德福德从景顺基金时就一直忠诚地投资帝国烟草。由于人们对吸烟的态度有所转变，再加上来自老式电子香烟和新型电子烟产品的竞争越来越激烈，2016年末至2019年中，帝国烟草的股价下跌了一半以上。虽然帝国烟草也生产过电子烟产品，但由于人们仍质疑于长期吸电子烟对健康的影响，烟草行业的长期盈利能力还是被蒙上了一层阴影。

2018年初，就在事情糟糕到了极点时，外包公司卡皮塔发布盈利预警，造成股价骤然暴跌40%。伍德福德是该公司前五大股东之一，但是他并没有在短期内将其抛弃的打算。“我并不是想把朽木雕成宝，目前为止这的确是个糟糕的投资，但它具有不鸣则已、一鸣惊人的能力。”股价崩盘的后一天他在博客中写道。而短短八个月后，伍德福德便抛售了卡皮塔的所有股份，结束了与该公司可追溯到2003年的合作关系。

在上市前就得到了伍德福德支持的在线房地产代理

公司紫砖也惩罚了他。2019 年 2 月，由于在澳大利亚和美国的公司业绩令人失望，紫砖股价跌超 20%。其英国公司的首席执行官和美国公司的老板也都宣布离职。

就这样，伍德福德的表现一路萎靡。他面临着职业生涯中前所未有的危机。

二

“如果我丢弃了在这个行业指引了我三十年的投资玉律，那对于你们，我的投资者们，将会是巨大的不公平。”卡皮塔股价下跌后，伍德福德和投资者如是说。

随着投资者因一长串惨剧式的选股而蒙受损失，苦不堪言，伍德福德的一些同事开始怀疑他是否已经失去了选股能力。其实真正的问题是伍德福德故步自封，不愿改变。“他的投资方法以及他认为的充分牢靠的细致水平和尽职调查程度，在二十世纪八九十年代还是足以取得成绩的，”一名曾与伍德福德共事的前雇员说，“但是如今市场要复杂得多。在他运作基金的三十年里，竞争发生了剧烈演进，但是他却固执己见。这么久都不肯改变，多少有点骄傲自满的意味。”

截至 2017 年底，投资者已经从股权收入基金中取回了近20亿英镑。这些人并不都是普通储户。比如朱庇特公司，曾经在伍德福德自立门户时，就急切地想要抓住把钱交给他投资的机会，但却成为第一个背弃这位基金经理的大客户。伍德福德就职于景顺控股期间，朱庇特就很支持他，已经是他近二十年的老客户了。朱庇特通过一系列自有基金投资股权收入基金。2014年6月，在股权收入基金甫一推出时，朱庇特就投入了6.6亿英镑，三个月后又追加了1.5亿英镑。而2017年9月，该公司却从中撤出了3亿英镑。

然而，朱庇特越来越担心伍德福德在非上市公司的投资，于是从2015年就开始将其在股权收入基金中积累的资金解套。“2015年11月我们就开始收回资金了，因为我们对这只基金产生了疑虑。”负责监督朱庇特默林基金系列运作团队的约翰·查特菲尔德-罗伯茨说。

此后的十二个月里，除了通常情况下会与基金经理进行六个月一次的常规会面以外，查特菲尔德-罗伯茨和他的团队还会不时与伍德福德和他的分析师们坐下来谈话。这个金融城的投资老手注意到伍德福德谈论某些投资的方式发生了变化，他说：“伍德福德曾经对他持有的股票的详情，也就是那些预测和数字，了解得非常细致。但是他开始变得非常笼统，还会把话题引到一些我们从没听过的公司身上。他的注意力明显转移了，久而久之我们便决定出局了。”

查特菲尔德 - 罗伯茨能看到伍德福德基金未来的流动性问题，于是他在 2016 年全年和 2017 年的前三个季度里陆续减持，每笔交易抛售的金额为 500 万英镑至 6400 万英镑不等。“并不是说打电话要求一下子赎回 10 亿英镑。”他说。查特菲尔德 - 罗伯茨表示，股权收入基金在非上市公司的投资已经严重超出了朱庇特的预期。

“我们是不是被误导了？一开始我们肯定误解了他在非上市领域的参与程度，”他说，“我们预想的是他会稍微加大在非上市资产上的赌注，但没有料到他的做法会和他以前在景顺控股时的做法差别这么大。基金刚推出时他持有 6 家非上市公司，到我们退出的时候这个数字是 45。”

就在朱庇特发布公告几周以后，英国保险公司英杰华集团表示将会把股权收入基金从一个养老金投资者使用的投资平台上除名，这个决定一出，投资者便从伍德福德手里拿走了 3000 万英镑。这位基金经理开始显得不堪一击。

如果股价暴跌还不足以让伍德福德头疼无比的话，各个投资平台也要因为股权收入基金一落千丈而抽身离去了。

2018 年 5 月，投资平台查尔斯·斯坦利将股权收入基金从优选基金名单中除名，在此之前股权收入已经连续近三年半入选该名单。在向客户解释该决定时，查尔斯·斯坦利的投资分析师罗布·摩根表示，公司开始“忧虑”伍德福德投资的早期企业数量可能会影响股权收入基金的整体表现。另一家线上券商 AJ. 贝尔在四个月后效仿了查尔斯·斯坦利的做法，将股权收入基金从其最优投资产品名单中移除了。哈格里夫斯·兰斯多恩公司的做法则与上述两家平台不同，他们继续在最佳投资产品名单中推广伍德福德的基金。

至此，财经媒体已经对一位明星基金经理失去点金术的故事产生了浓厚兴趣。每发布一篇负面新闻报道，伍德福德的旗舰基金就会出现一波资金流出。后来，伍德福德对自己因巨额资金流出而受到的负面关注发出指责，他称投资者在“虚假消息和马虎的评论”的诱导下作出了“糟糕透顶的决定”。

“市场上有大量的虚假信息和虚假分析，这些最终会对投资者的决策造成有害影响。所以说，这就是我生气的原因，”他在股权收入基金被暂时关闭的三个月前接受《金融时报》采访时说道，[60]“当你满腔热情地信奉着你所做的事情，就像我一样，而客户却说‘不，我们现在想把钱要回来，因为我们宁愿投资那些上涨的产品’，这让我感到很挫败。我认为他们作出的投资决策很糟糕。”

某大型投资公司的一名前雇员也将资金从股权收入基金中取回了，他表示公司对该基金的业绩以及大量合规专员离开的事实越来越不满。“没有人愿意说他们抛售基金是出于这些原因，”他说，“投资者都说伍德福德的投资风格已经不受欢迎了，但真正的原因其实是风险管理和治理。”

伍德福德最大的一些投资者担心说出真相会得罪他，他们害怕再次买回基金时不能获得优惠条款。“他们没有预见到会崩盘，但也不敢公然反对他，”这名前投资者说，“他们有太多顾虑了。”

伍德福德一路以来重用过的风险与合规关键管理人员换了一个又一个，这成了越来越大的问题。伍德福德的第一任风险与合规负责人格雷·史密斯在公司成立几个月后就离开了，从那以后这个岗位连续换了很多人。史密斯突然离职后，公司雇用了加文·圣约翰-希思和西蒙·奥斯本这个二人组来承担风险与合规的任务。然而，圣约翰·希思任职仅八个月后就离职了，奥斯本则于 2017 年离开，在公司任职不到三年。

“尼克·汉密尔顿和格雷·史密斯很明显不开心。”伍德福德投资管理公司的一名前雇员说，他还补充道，在二人组离开后，并非所有履行合规职责的人都把质疑伍德福德当回事。“从景顺控股到伍德福德是一个很大的投资转变，但这么做是有道理的，也是令人振奋的。为了给大家提供更多投资机会，我们推出了耐心资本。只可惜，他运气太差，或者说没有管理好，”这位前员工说，“公司里有一种压倒一切的乐观态度，觉得可以一直赚下去，而且一辈子不用还回去。如果合规的人更有经验一些，他们可能会说‘不，你不能这样做’。但是这家公司的成立本来就是为了让尼尔随心所欲地做事。”

外部人士也开始质疑伍德福德的某些投资选择。

赛文投资管理公司的高级组合经理彼得·斯利普查，

看了伍德福德还在景顺基金管理资金时的部分持仓。这位曾经的特许会计师说，其实那时候就已经出现明显的危险信号了，“他在上市公司持有巨额股份，一般是20% 或 30%，要花很久才能卖出去。这些公司或许看起来流动性很好，但是当你持有一家公司 30% 的股权，就根本没什么流动性可言了。”斯利普说。

斯利普认为，伍德福德的成功很大程度上纯粹是因为他在职业生涯中支持并投资了一些中小型企业。“当你买入一家公司 30% 的股权，你就会推高这家公司的股价，然后当你抛售时，又会砸低股价。”斯利普说。

将基金评级划分为由“负面”到“金牌”五个等级的晨星公司也给伍德福德带来了坏消息。该公司的分析师越来越担心股权收入基金中某些表现差劲的股票以及伍德福德配置资金的方式，因此决定将股权收入基金从“铜牌”降级至“中性”，仅比“负面”评级高一级。

晨星公司的分析师彼得·布伦特单刀直入地称：“持续的赎回、欠佳的表现、具体股票的问题，再加上（伍德福德）将组合推向流动性极限的意愿丝毫不减，最终导致了我们所认为的极端的组合配置。”

伍德福德规模最大的基金已经深陷困局了。

资产规模以惊人的速度萎缩，仅剩下四十四亿英镑，不足两年前巅峰时期的一半。大部分大客户都弃他而去，而成千上万的散户还抱有一线希望，指望着哈格里夫斯·兰斯多恩公司和伍德福德的其他支持者对于他能扭转业绩局势的预测是正确的。

第八章 大厦将倾

一

巴里·刘易斯曾经预感到伍德福德的连胜纪录迟早有一天会骤然终结。这位曾经的赌徒在 2017 年成为了马尔盖特的工党议员，并在伍德福德的基金表现开始急剧恶化时，便立刻对他向肯特郡议会养老基金征收的费用提出了质疑。

“作为一个赌徒，你知道如果你连续赌中了三个赢家，那么第四个就会输，从而拉低平均表现，”刘易斯说，他因顽固的做事方法而被议员同事们称为‘犟巴里’，他说：“如果一个人赢的概率如此之高，那就好得不真实了，持续不了多长时间的。如果你支持的一匹马十赢一输，那么继续赌这匹马可能就会变成两赢一输，你不会那样做的。”

代表养老金计划作投资决策的肯特郡议会退休金委员会成员，发现了一个难缠的对手。

肯特郡议会是伍德福德最忠诚的客户之一，在伍德福德供职于景顺基金时，就把钱交给这位基金经理打理，在那期间肯特郡议会代表其养老基金将约2亿英镑委托给了景顺基金。由于伍德福德实现了非凡的收益，他与议会的关系也越来越牢固。2012年，肯特郡交给他的资金增长到了近4亿英镑，又于2014年达到了5.3亿英镑的峰值。[61]

和成千上万追随伍德福德新基金的个人投资者一样，肯特郡有足够的信心相信这位基金经理能取得和以前一样了不起的收益，于是毫不犹豫地向股权收入基金输送了2.16亿英镑资金。

然而三年过去了，养老基金委员会的成员们开始对伍德福德这段时间的糟糕表现感到焦急万分。他们希望伍德福德能亲自保证业绩将会改善。

由于没有取得最优的投资业绩记录，肯特郡议会感受到了一定的压力。

2008年9月30日，当伍德福德还是百发百中的明星基金经理时，肯特郡议会梅德斯通总部的一名初级职员收到了一封紧急邮件。邮件中含有关于冰岛一些大型银行的信用声誉问题的重要信息。这些银行正处在崩溃的边缘。

肯特郡议会有5000万英镑资金存在冰岛的银行里，作出这些投资的原因是想趁机利用当时银行提供的优于市场的利率水平。英国超过120个地区议会都在冰岛的银行有类似存款，但是肯特郡议会是所有地方当局中持有数额最大的。

冰岛的银行遇到了大麻烦。金融危机刚刚到来，2008年9月雷曼兄弟倒台后，冰岛的前三大银行（格利特尼尔银行，国民银行以及克伊普辛银行）无法再筹措用于偿还短期贷款的资金。美国和英国的银行也在破产的边缘摇摇欲坠。美国政府采取措施，批准了一项针对华尔街部分大银行的7000亿美元救市计划。英国政府承诺提供5000亿英镑，拯救英国部分最知名的高街银行。冰岛政府则采取了不同的做法，他们拒绝拿出银行生存下去所需要的巨额资金，反而任由它们倒闭。

肯特郡在冰岛濒临崩溃的三大银行中均存有资金。主要评级机构在几个月内逐步下调了这些银行的评级，其他的地方养老基金在发觉警示信号后便取回了资金。2009年，英国审计署在一份报告中谴责肯特郡议会和另外六个地方当局疏忽职守，没能在冰岛银行倒闭前早早发现投资这些银行的警示信号。

那封发送给初级职员的邮件没有引起注意。肯特郡议会继续在传承银行（冰岛国民银行的英国子公司）投入了 300 多万英镑。没过几天，这家银行便倒闭了。

二

2017 年 12 月，肯特郡议会与伍德福德召开了紧急会议。会议上，退休金委员会主席兼保守党议员查理·西姆金斯会见了伍德福德，与他探讨了近期的拙劣表现，并让他解释到底是哪里出了问题。

此前的一份委员会会议记录充分暴露了议会的担忧。对于某些股票的暴跌，尤其是远见金融的急剧下跌，对股权收入基金造成的打击，委员会成员紧张万分。

“近期的问题已经被媒体铺天盖地地报道，有一些备受关注的投资出了大错，远见金融就是明显的例子，”文件中表示，“尼尔·伍德福德的投资方法不受基准的约束，所以他的表现有可能显著逊于大市，也有可能显著优于大市。”

刘易斯表示，他开始就肯特郡议会对伍德福德的投资质问养老基金委员会，尤其是对伍德福德表现如此糟糕期间所征收的高额费用。2019 年，肯特郡议会支付了 2 000 多万英镑投资管理费用，尽管这些钱并不全归伍德福德所有。一些议员怀疑在伍德福德那里的投资到底是否物有所值，毕竟他的表现真的很差劲。

肯特郡养老金计划委托给伍德福德投资的资金占其总资产的 5% 左右。比起他们大量投资的其他基金经理来说，伍德福德的表现显得格格不入。在股权收入基金被暂时关闭前的最后一个财年，由瑞银、高盛、凯姆斯和富达基金监管的养老基金均达到或轻松超过了各自的比较基准。伍德福德是唯一一个出现业绩亏损的。

刘易斯称，委员会对他提出的问题默不作声。“这个机构未免也太舒服了，就像一个脱离了肯特郡议会的惬意俱乐部。”他说。

养老基金监管起来很复杂，其委员会是由没有专业投资知识的普通公司员工组成的。这个工作难度不可小觑，委员会的人需要代表退休人员或者那些还在供款的人，决定几千万英镑的资金应该往哪里投。简单来说，他们的工作就是为养老金计划的成员争取最大化的投资收益。以肯特郡议会的例子来说，这是英国最大的养老金计划之一，拥有约 15 万名成员，资产规模达 66 亿英镑。委员会成员需要依靠职业投资顾问的帮助和指导，这些投资顾问通常是在养老金计划和基金经理之间牵线搭桥的大公司。

2014 年伍德福德被委任时，担任肯特郡议会投资顾问的是海曼斯·罗伯逊，但后来被默瑟取代。通常，将数千万英镑交给基金经理投资的大型投资机构会把他们的资金放在一个单独的账户里，也就是隔离委托。这种做法能避免养老基金投资被零售储户稀释掉，并让他们有更多决定权，例如可以对某些特定类型的投资设定限制，以及在不影响其他人的情况下取出现金。但所有这些便利都要付出更高的代价——肯特郡议会和伍德福德股权收入基金的其他几十万名投资者被混为一谈，肯特郡投资了数亿资金，但其所承担的风险却和那些只投了几千英镑的个人储户是相同的。

穴空自来风，肯特郡的做法引起了注意。养老基金专家约翰·拉尔夫表示，有上千万英镑可支配的养老金计划通常会通过投资顾问找到一名基金经理，然后与之协商投资零售基金的条款。“并不是说他们没有这样做。而是相比上上策，他们的做法很奇怪，”拉尔夫说，“地方政府养老金计划的内部公司治理绝对是糟糕透顶的。那些决策者通常毫无头绪，他们只是喜欢管钱。但是他们又很依赖顾问。”

在与议会官员进行的会议上，伍德福德做了大量工作来让他们相信自己值得他们继续投资。然而他没能扭转业绩，继续让肯特郡议会大亏特亏。截至 2018 年底，议会在伍德福德那里的投资额为 2.55 亿英镑，远低于 2017 年 3 月 3.17 亿英镑的价值。这样的表现实在惨烈。2019 年 5 月底，伍德福德的股权收入基金让投资者在三年里损失了 17%，而同期富时全股指数取得了 28.44% 的正收益。[62]

至此，伍德福德的主打基金在规模上也大幅缩水至 37.1 亿英镑。

对于早期作出的跟随伍德福德的决定，养老基金委员会成员再次表露担忧。在议会会议记录中，委员会成员就“与伍德福德有关的负面宣传”发出警示，但表示会继续审查这项委托。委员会原本将在三个月后与伍德福德会面讨论此事。然而后来的事实是，这场会面并没有举行。

议会成员已经受够了，他们召开会议讨论了赎回投资的选项。5 月 31 日，他们投票决定立刻将资金从伍德福德的基金中取回。

三

将这个坏消息告诉伍德福德和其团队的任务落在了尼克·维克斯身上。尼克·维克斯是肯特郡议会金融服务部总监，在肯特郡当局投资景顺基金期间，他就与伍德福德保持着密切联系。

伍德福德和他的团队被告知这项决定是不可撤销的。

上述谈话是在市政厅里秘密进行的，实行严格禁止媒体的政策。这样，委员会成员作出任何决定，公众都没有机会在以后去质疑他们或追究他们的责任。另一名肯特郡地方议员马丁·怀布罗说："他们作决策毫无透明度可言。就在一切被搞砸的几个月以前，伍德福德向委员会成员作了报告，但我们没有审计跟踪。这是关键的失败因素。"

肯特郡议会自身的审计委员会在后来撰写的一份报告中，严厉谴责了养老基金委员会成员对投资在伍德福德基金中的资金的处理方法。报告称，委员会本可以向投资顾问寻求帮助，却被其所读到的关于伍德福德及其业绩下滑的媒体报道内容严重影响了。另外，报告还斥责委员会成员在审核投入伍德福德基金的资金时，没有委托默瑟给出独立投资建议。

肯特郡的重磅公告意味着又有一个大型投资机构要逃离股权收入基金了，这让伍德福德的团队感到大难临头，于是他们建议肯特郡当局分阶段取出资金以减轻打击。

作为股权收入基金的行政管理方，领克也越来越焦虑。他们对伍德福德团队提出了一连串问题，拷问他们如此巨额的赎回，会对基金满足其他投资者取现要求的能力造成什么影响，特别是在肯特郡拒绝“实物转让”的提议，坚持决定一次性取出所有资金的情况下。

在“实物转让”这个选项下，可按肯特郡议会当前的投资规模，将基金中的资产做等比转让，这样伍德福德就不必抛售公司股票来筹措资金支付给议会了。

然而，肯特郡坚定不移，丝毫不为所动。

负心汉

第九章

套牢

一

克雷格·纽曼震惊了。他刚刚与领克的总经理卡尔·米德举行完周一早上的例行电话会议，就冲向伍德福德的办公室，准备向他的商业伙伴传达一个恶讯。

这个至关重要的电话和纽曼预想的完全不一样。他即将投出的这个爆炸性消息将把公司推入深渊。

与伍德福德关系最密切的顾问们整个周末都焦虑不安，他们就股权收入基金如何能够轻松处理肯特郡议会的撤资要求制定了行动计划，准备在电话会议上与米德探讨。肯特郡当局已经连续几周发出信号，表示其计划于安排在 6 月 21 日的一场会议上抛弃伍德福德。

肯特郡议会给了伍德福德很多机会来扭转每况愈下的表现，但他就是没能交出满意的答卷，让肯特郡议会亏了几百万英镑。他们已经受够了。

周末，米德通过邮件询问伍德福德的团队，如果肯特郡想要一次性取回资金，将会造成什么后果，以及如此迅速的退出，将对基金偿付其他想要离场的投资者的能力有什么影响。纽曼准备告诉米德基金有充足的现金来应对最坏的情况，而且伍德福德会在接下来的几周里抛售某些公司的股票来筹措现金，提高流动性。

伍德福德已经接受了肯特郡议会即将离场的事实。此时此刻，他的基金每个月都要流失近1亿英镑，而随着大批普通储户对又一个大客户已经退场的新闻的纷纷响应，他必须为资金流出可能会更严重的情况做好准备。

然而，纽曼和伍德福德团队的其他成员根本没有机会贯彻他们的计划。领克的决定震惊了所有人，他们要暂时关闭股权收入基金，并认为这个举措符合投资者的最高利益。

基金被暂时关闭是比较罕见的，但这是开放式基金在极端情况下以及面对投资者集体希望退出时可以利用的一种有效工具。2016年英国公投脱欧时，英国一部分大型房地产基金被迫关闭，原因是投资者担心脱欧会对英国的商业地产行业造成打击，遂从基金中取走了几亿英镑。新冠肺炎危机的出现再次迫使英国地产基金暂时关闭，因为在市场严重不确定的情况下，负责给这些基金所投资的房地产进行定价的公司无法提供准确的估值。

米德甩出的消息让伍德福德和纽曼傻了眼。周末沟通时，领克并没有让人感到他们在考虑暂时关闭这一举措。

肯特郡议会与伍德福德的长期合作关系即将在几个小时后划上句号。更糟糕的是，那一周余下的几天里，伍德福德在议会的主要联系人尼克·维克斯度假去了。那天早上，伍德福德总部收到的第一批文件资料就是肯特郡的正式赎回要求，最后期限是当天中午交易中断时，在此之前伍德福德的团队仅有一个小时的处理时间。

然而，肯特郡地方当局收到了一个大大的“惊喜”。

下午 4 点 25 分，梅德斯通市政厅的官员突然接到了伍德福德团队的电话，他们宣布：肯特郡已经被困在了基金里，至于什么时候能拿回钱，还不太清楚。

二

伍德福德看上去糟糕极了。6 月 4 日一大早，他拖着疲惫不堪的身子，一言不发地来到办公室处理这场波及他整个公司的大风暴。那是忙得不可开交的一天。就在几个月前，伍德福德还在接受报刊采访时严厉斥责媒体，他认为是媒体让他的基金雪上加霜。而现在，他已经登上了头版新闻。

英国上上下下各路记者的情绪不断高涨，他们都迫不及待地想要获得这个故事的下一个章节，毕竟这是他们报道过的最具戏剧性的故事之一，然而伍德福德拒绝再回答他们的任何问题。

领克意外宣布这个消息后，又在匆忙赶制的一份媒体声明中解释说，股权收入基金一开始会暂时关闭 28 天，以便给伍德福德充足的时间来进行“重新配置”，把拥有的部分小公司的股份抛售掉，并将所得款项投入规模更大、流动性更好的股票。

这是伍德福德必须迅速处理的一场公关噩梦。

情绪消沉的伍德福德正坐在办公楼大厅里，两台摄像机正对准他疲倦的身躯。安装摄像机是因为伍德福德要拍一个道歉视频，他希望能以此安抚数千名发现自己被套牢在基金中无法取出存款的愤怒的投资者。

伍德福德向前弓着身子，明显很不自在，他整理好思路，准备对着镜头发言。即便是在解释客户的钱出了什么问题的时候，他也拒绝穿衬衫打领带，而是选择了标志性的休闲毛衫和牛仔裤。

这个简短的视频会上传到伍德福德的 YouTube 频道

上，他从创业以来就一直用这个频道来与投资者沟通。更新视频是伍德福德将自己与某些规模更大的古板的竞争对手区分开来的另一种方式，也符合他的新公司想要塑造的数字文化。

伍德福德在该频道上发表的视频并不一定都是关于投资的。有一些视频体现了他的性格，包括一个叫做“尬聊角”的轻松系列，在这里观众可以问伍德福德任何想问的问题。两年前，这里有人发布了几个充满不祥预感的问题，包括“伍德福德公司有人挑战尼尔的决定吗？”以及“尼尔·伍德福德已经不行了吗？”

那些伍德福德得意洋洋地读观众来稿的轻松视频与他现在准备传达的严肃消息形成了鲜明对比。在就职于景顺控股期间，伍德福德成功渡过了互联网泡沫和金融危机，向质疑他的人证明他们错了。而这一次，他必须让那些否定他的人相信自己有让死灰复燃的魔力。

这个视频只有三分钟，但对于伍德福德来说却像是一个世纪。“无比抱歉，我们不得不作出这个决定。”他告诉投资者，并向他们保证这个措施符合他们的最佳利益，而且能让他再构建一个使基金仓位更优化的组合。“我们理解投资者的沮丧心情。”

伍德福德发出的私信没能让愤怒的投资者平静下来，他们简直不能相信英国最受称赞的基金经理之一现在却告诉他们自己的存款再也取不出来了。许多人还抱着一线希望，相信伍德福德能戏剧性地扭转局面，让基金在几周后再次重新开放。

麦克·考克斯就是其中之一，他是坦布里奇·韦尔斯的一名退休金融服务从业者。一开始他投了 2.8 万英镑在伍德福德的股权收入基金中，并在此基础上每个月做定投。基金暂时关闭时，考克斯和妻子两人的投资总额为四万英镑。

“当时我想的是‘啊，太扯了’，”考克斯回忆起自己刚听说基金被暂时关闭时的反应，“我并没有太担心，因为以他的名声来说，长期来看一切都会变好的。我从来没想过一只以他的名字命名的基金会彻底崩盘。”

股权收入基金的暂时关闭给了伍德福德威力巨大的一击。就在他倒在围绳上准备站起身来时，另一个重大危机即将一拳把他击倒在地。

纽曼和伍德福德才将领克突然宣布的讯息消化掉，就把牛津郡办公室的员工们拉到了会议室里，简要地告知了他们刚刚发生的事情。

伍德福德和纽曼硬着头皮在同事面前发表了讲话。

“这个消息让很多人大吃一惊，”出席了那场会议的一名雇员说，“但是大家都很淡定。我们都觉得这种事以前也经历过，撸起袖子干就是了。那时候并没有恐慌的感觉”。

伍德福德和纽曼极力表现出来的冷静即将受到严峻考验。他们的商业伙伴们刚刚从基金暂时关闭的震惊中缓过来，伍德福德的另一个最忠诚的客户就在最后一刻爆出了一声惊雷。

圣詹姆斯普莱斯财富管理公司，是伍德福德 2014 年创立新公司时最早的一批支持者之一，该公司将开启 35 亿英镑资金宝库的钥匙交给了他。他们之间的业务关系是以隔离委托的结构建立的，在伍德福德代表该公司旗下的基金作出投资决策时，这种结构能让公司对其进行监视。另外，关键问题是，圣詹姆斯普莱斯财富管理公司要求伍德福德不得在任何非上市公司身上押注，只能投资“富时 100”和“富时 250”指数内的股票。

这个决定也许让圣詹姆斯普莱斯财富管理公司避免了和肯特郡议会一样被困在股权收入基金中，但伍德福德的表现仍然很糟糕。他代表这家财富管理公司监管的圣詹姆斯普莱斯英国高收入基金，在两年内让投资者损失了 17% 以上。

在抛弃伍德福德之前的一周里，圣詹姆斯普莱斯财富管理公司一直在传达含混不清的信息。在接受《金融时报》采访时，首席投资官克里斯·拉尔夫表示公司在“密切关注”伍德福德的近期表现，让人感觉他们正在考虑备选方案。[63] 四天后，公司发布了一项声明，确认继续支持伍德福德，表示公司“没有改变委托的计划”。

然而，该公司一直有背着伍德福德与他方暗通款曲，他们早就安排了另外两家金融城的资产管理公司（哥伦比亚斯瑞尼德和 RWC）来接管在过去五年里由伍德福德管理的基金。

圣詹姆斯普莱斯财富管理公司和伍德福德断绝了关系，甩掉了他（也同时告知了其他客户这个决定），并且是以最令人瞠目的方式，正如伍德福德的一名前同事所说：“圣詹姆斯普莱斯就是另一个对他说‘滚蛋’的例子。”

三

哈格里夫斯·兰斯多恩公司曾决定将伍德福德失败

的股权收入基金继续保留在其久负盛名的优选产品名单中，并花了几个月时间为这个决定作辩护。然而，是时候做个了断了。哈格里夫斯·兰斯多恩公司再也无法忍受他了。

尽管哈格里夫斯·兰斯多恩公司宣称其内部研究程序确保了只有最好的基金经理才能入围买入名单，但是他们没有采用任何的正式规矩来决定什么时候应该剔除他们。一个苦苦挣扎的基金经理，他的名额去留的决定因素，反而是哈格里夫斯·兰斯多恩公司的研究团队对他/她反败为胜的能力信心有多大。

2019年初，哈格里夫斯·兰斯多恩公司受到了更多监督，为了精简阵容，公司对“财富150”名单进行了整改，将基金数量减少到了50至60之间。这原本是个悄无声息甩掉伍德福德的最佳机会。然而他们选择了再一次继续支持他。

在2014年推出旗舰基金后的两年多里，伍德福德取得了斐然的成绩，因此哈格里夫斯·兰斯多恩公司仍对他抱有很大期望。然而现在该基金关门大吉，其实希望已经完全落空。既然投资者已经无法再投资股权收入基金了，哈格里夫斯·兰斯多恩公司最终必然会作出决定，将其移出改版的买入名单。

这个举动将对伍德福德造成可怕的后果。因为哈格里夫斯·兰斯多恩公司同时宣布，当时仍开放交易的规模较小的收入聚焦基金，也将从其令人垂涎的名单中除名。公司表示，想在股权收入基金交易中止被解除后，再最终决定应否保留其姊妹基金的名额。

布里斯托尔的研究团队同时也意识到，可以借此机会彻底改革挑选入围经理的方法。如今，他们的买入名单已经成了严格审查的对象。丹皮尔和他的团队首先实施的变革就是关注基金经理的个人媒体形象。记者没有让伍德福德好过，他的基金资产的流出就发生在最负面的媒体报道出现时。哈格里夫斯·兰斯多恩公司承担不起其支持的其他业界名人也发生同样的事，于是决定该仔细查看一下媒体发布的某些报道了。

危机早已开始蔓延至伍德福德的其他基金。在股权收入基金关闭之后的一周里，紧张的投资者从规模更小的收入聚焦基金中猛地取出了 1 亿多英镑，这次的流出以哈格里夫斯·兰斯多恩公司为首，他们取出了通过多重经理人基金投资在收入聚焦基金的 4500 万英镑。

规模小得多的耐心资本信托也开始遭殃了。在股权收入基金关门大吉后的一个月里，由于投资者开始怀疑伍德福德会被解除经理职务，耐心资本信托的份额价格下跌了近 25%。

更要命的是，哈格里夫斯·兰斯多恩公司曾表示将豁免被套牢在基金中的投资者的费用。此举后来造成了约 260 万英镑的收入亏损，但也对伍德福德施加了压力，迫使他在基金暂时关闭期间也这样做。然而，伍德福德拒绝让步。

哈格里夫斯·兰斯多恩公司意识到其中牵扯到的利益，于是试图在暗中带头寻找拯救股权收入基金的办法，公司找到阿伯丁标准投资公司（总部位于爱丁堡的资产管理公司）求助。最后，哈格里夫斯·兰斯多恩公司与一个律师团队一起商讨制定了一份计划。

这个提案就是由阿伯丁标准投资公司来承接伍德福德被暂时关闭的基金以及耐心资本信托（因为两者的某些持仓是重合的）。股权收入基金和耐心资本信托中的所有资产，将按各自的流动性状况被分在“好 / 差”之类的体系中。这样，一只持仓流动性最好的基金就得以重新开放，为储户提供继续投资或赎回持仓的选择。

这是一种可能的解决办法，哈格里夫斯和阿伯丁标准投资公司都认为这是一个能避免将持有的资产低价抛售的方法。同时，这个方法也向哈格里夫斯·兰斯多恩公司的客户提供了救命稻草，但是这也意味着伍德福德将被免除经理职务。

他们向领克提出了这个计划，领克从各方面出发对其进行了评估，包括让投资者获得存款的速度，以及让投资者轻松理解整个程序的能力。最后，这个计划没能符合领克严格的标准，很快就被拒绝了。

四

伍德福德不幸的一周还远未结束。金融行为监管局表示，已经开始审查他将部分非上市公司送往根西岛股票交易所上市的决定，并扬言如果发现了任何严重不当或不合规行为的证据，就将展开调查。

股权收入基金暂时关闭两天后，金融行为监管局局长安德鲁·贝利（现任英格兰银行行长）在接受彭博的电视采访时，暗示了对关闭基金的支持。“暂时关闭基金之所以必要且重要，是因为如果不这样做，投资者退出的程序可能会很混乱，”他说，“投资者会说，你们这是限制了我的选择。对此我的反驳是，另一个选项会混乱得多。”[64]

那是贝利第一次承认，伍德福德基金这类既投资非流动性资产又必须确保有能力偿还想退出的投资者的基金，可能存在问题。“十年前我们要解决的问题是大而不能倒的银行。现在我们当然不想要大而不能倒的基金。”贝利在接受彭博采访时说。

短短几天内，伍德福德便前后失去了两个最大的支持者。五年前挤破脑袋都想进入伍德福德新基金大门的客户现在已经不想和他有任何瓜葛了。

伍德福德的员工感觉到麻烦即将降临，开始担忧起了他们的未来。两天前，也就是最早宣布暂时关闭基金的消息时，办公室里还充斥着积极乐观的态度，现在很快就被焦虑不安取代了。

伍德福德和纽曼一周内第二次把员工聚集到会议室，提醒他们艰难的时光可能即将到来。他们告诉员工，需要就削减成本和裁员进行讨论。五年前加入伍德福德公司的员工简直无法相信自己的耳朵。他们无法再继续享受乐观的态势，未来似乎变得无比黯淡。

“失去圣詹姆斯普莱斯对我们公司的财务状况造成了巨大影响。一天之内，一大块收入就这样没了，大家开始觉得‘该死，大事不好了’，”一名前员工说，“那是大家第一次开始怀疑公司还能不能做下去。”

第十章 激烈的反抗

一

英国历史上最成功的基金启动五年后，伍德福德以自己名字命名的商业帝国如今因深陷危机而垂死挣扎着。在伍德福德近三十年的职业生涯里，自始至终紧密跟随他的投资者，简直不敢相信正在上演的这个戏剧性事件。

基金的意外暂时关闭让一些投资者将矛头指向了肯特郡议会，他们责备议会提出一次性要回如此巨额投资的要求。然而，无法取回几百万英镑资金的肯特郡当局公开对伍德福德以及关闭基金的决定进行了反击，并称根本没想到自己的行动会导致基金瘫痪，进而影响其他投资者。

“令肯特郡议会失望的是，作为基金的主要投资者，我们没有提前收到通知。”议会表示。几周之后，伍德福德被召唤到梅德斯通与愤怒的养老基金委员会成员会面，向他们解释到底怎么回事。不过，努力安抚肯特郡议会只是摆在伍德福德面前的难题中最微不足道的一个。

没过多久，一些八卦小报就开始对这个故事紧追不舍，在被套牢在垂死挣扎的股权收入基金中的数千名普通储户中，有一些人的经历被简述了出来。媒体曾经称赞伍德福德为让英格兰中产阶级富裕起来的人，而现在却将他描绘成反面角色，指控他犯下了把人们“扣押”在他的基金里，还继续牟取着每天数万英镑费用的罪行。

被媒体称为“俘虏”和“受害者”的投资者，开始联系记者向他们提供自己的亲身经历，包括不得不取消假期、暂停房屋翻新，以及因为忧虑过度而夜不能寐，等等。

当领克宣布原本为期 28 天的暂时关闭将延长至少一个月时，投资者对伍德福德挽救业绩所剩无几的信心荡然无存了。

伍德福德再次在社交媒体上更新了一条视频，这一次他坐在一张近乎空空如也的桌子边，背景里只有几个电脑屏幕显示着红绿闪动的股票行情。他的双手十字交合紧扣,前一条视频中还明显可见的紧张神情已经消失不见了。

伍德福德立誓要利用他所有的时间，通过投资“富时 100”和“富时 250”指数中的股票来丰富基金组合。但他强调，无论做出什么改动，他都会以自己的方法为准，即挑选那些他认为增长潜力最大的最被低估的公司。尽管伍德福德必须要放弃某些他仍觉得有巨大增长潜力的小公司，但他也要确保这只基金留有他自己的印记。

具有讽刺意味的是，创立公司时，伍德福德想要通过提供完整的组合持仓名单以做到完全透明的愿望，现在成了绊脚石。随着股权收入基金的一败涂地，其他大型投资者可以清楚地看到这位基金经理需要抛售哪些公司来提高基金的流动性。

对冲基金知道了伍德福德可能必须抛售的公司，便建了空头仓位，以期这些公司的股价跌到一定程度，从而迅速从中获利，而这一切都将由伍德福德买单。

对手基金管理公司也开始环伺伍德福德的现有持仓，打起了算盘，他们希望能在伍德福德急于抛售这些公司的时候低价抢吞。

股权收入基金已经处在了死亡漩涡之中。

二

为了维持基金仍在投资的一些公司的股价，伍德福德决定封锁部分持仓信息，仅公布组合中的前十大持仓公司。然而，就连这些有限的信息他也不得已停止提供了，因为他要力争不以大幅的折价抛售股票。

伍德福德迫切需要更多时间来处理这个局面。7月底，领克告知投资者，年底之前基金将继续维持暂时关闭状态。

到了8月底，基金表现进一步恶化——三个月下跌近15%，三年下跌近34%。由于投资者的资金分毫无法离场，现有持仓的表现持续低迷，再加上伍德福德减持股份的事实，基金资产萎缩到了31亿英镑。

至此，储户们已经失去了耐心，开始怀疑基金到底还会不会重新开放，对伍德福德在基金关闭期间都不愿意停止收取管理费的愤怒情绪也开始爆发。早些时候，哈格里夫斯·兰斯多恩公司恳请伍德福德效仿他们在基金关闭期间免除费用，但伍德福德置若罔闻。

投资者激烈抗议的原因很容易理解。上一个财年，伍德福德和纽曼两人瓜分了赚来的3 650万英镑，也就是说，自公司成立以来，他们给自己发放的红利总额超过了9 500万英镑。

危机上演时，在公司网站上被称为伍德福德事业背后的“驱动力”的纽曼似乎一直保持着低调姿态。尽管公司大门上挂的是伍德福德的名字，但公司的首席执行官依然是纽曼，一些人也希望他能站出来。[65] 纽曼很倒霉，在基金暂时关闭期间，他曾试图出售两处房产，而相关文件被泄露给了《泰晤士报》，那时他便受到了众人的关注。

和伍德福德一样，纽曼对购置庞大的乡村庄园很感兴趣。2015 年，就在他和伍德福德的新公司吸引投资者投入了数十亿英镑时，他在泰晤士河畔亨利镇买了一幢工艺美术品风格的七居室乡村别墅，并花了数百万英镑进行翻修。

对哈普斯顿·伍德别墅展开的这项工程耗时四年多，包括修建一个橘子园、一间避暑别墅、网球场、游泳池、数间马厩、门房以及彻底翻新花园。

这处房产是埃德温·鲁琴斯爵士的门徒于 1908 年修建的。耗尽心血进行彻底改造后，纽曼希望以 1 000 万英镑的价格将其出售。[66] 同时他也在出售位于伯克郡沃格雷夫附近自建的一处六居室房产，售价为 485 万英镑。

有人猜测纽曼急售这些房产是想建立一个法律专项

资金池，以便对抗愤怒的投资者未来可能会提起的法律诉讼，不过当时伍德福德的发言人极力否认了这种推论。

过去五年里，伍德福德和纽曼攫取了几千万英镑管理费，坐拥多套私人房产，这让投资者对他们丝毫不抱以同情。

在6月至年底基金暂时关闭期间，伍德福德的公司仍然每天赚取6.5万英镑的管理费，总数估计超过1 000万英镑。这对普通储户来说就像挨了一记耳光。[67]

伍德福德为自己辩护称，在基金关闭期间继续征收费用是有必要的，因为对投资组合作出改动会产生一定的成本，并且还需要满足日常管理开支。然而这没能让投资者信服，也没能让齐声表示担忧的众多高层政治人物信服。

尼基·摩根就是极力督促伍德福德为所应为的知名人物之一，在伍德福德的基金被暂时关闭时，他在英国国会颇具影响力的财政特别委员会担任主席。“人们在拿不出钱的同时还要付管理费，这让他们感到很不公平，这种不公平几乎贯穿了这一事件的始终，”摩根回忆说，“很多事情人们都可以接受，但绝不能接受不公平。”

贝利再次被卷入了进来，他告诉英国广播公司电台

4 台的《今日》栏目，伍德福德应该在继续向基金投资者征收费用方面“仔细考虑自己的立场”。

然而不久后，贝利和金融行为监管局就将因为自己的失职而受到严密审查，因为他们没能发现原本可以防止伍德福德灾难发生的一些早期警示信号。

三

安德鲁·贝利和金融行为监管局现任局长查尔斯·兰德尔走进国会大厦对面的保得利大厦，准备应付来自摩根和财政特别委员会其他国会议员的审问。

对于参加与国会议员的正式会议，贝利一点也不陌生，但是这一次事关重大。2019 年 6 月 25 日当贝利出现在财政特别委员会面前时，他已经是最受赌徒青睐的英格兰银行行长马克 · 卡尼的接班人之一。财政部和其他高级政府官员将密切观察他在国会议员面前的表现，以作为对他担任这一要职进行的一次非正式面试。

审问开始进行，保守党议员史蒂夫·贝克和西蒙·克拉克，一上来就宣布他们都是伍德福德基金的投资者，也都是哈格里夫斯 · 兰斯多恩公司的客户。看来这一次贝利有得受了。

关于伍德福德将部分非上市持仓送去上市一事，早在伍德福德的基金被暂时关闭后的那一周，摩根就写信联系了贝利，要求他回答金融行为监管局与领克以及根西岛当局进行了哪些沟通。贝利承认监管局是在三个月前《城市线路》爆出这些事时才知道的，摩根则称金融行为监管局早就应该发现这些。

“我的评论是‘金融行为监管局里有人看报纸吗？’”摩根说，“他们看到这些事情，但通常都不会问问到底发生了什么，是不是应该调查一下。”

摩根说得很有道理。2017年，金融行为监管局要求领克停止自行对伍德福德的非上市资产估值，并要求其安排独立第三方来进行估值，自那以后监管局便定期与领克联系。伍德福德的部分非上市持仓的估值出现了大幅提升，比如工业热力公司，2018年9月，其估值增长了357%。慈善AI也在伍德福德持有期间估值暴涨，较他刚投资时的估值翻了约6倍。[68]

在伍德福德的基金首次违反非上市持仓的监管限制后，监管局于2018年2月再次与领克取得了联系，此后领克每个月都向其提交流动性状况报告。

贝利以书面形式回复了摩根的信件，他告诉她金融行为监管局已经对伍德福德基金暂时关闭之前所发生的事件展开了调查。然而，现在他被问到金融行为监管局为什么没能提早发现危险信号。

贝利试图将责任推给约束伍德福德基金的欧盟规则，因为规则中并没有要求领克将根西岛上市的事件通知金融行为监管局。他承认伍德福德的基金是“在违规的边缘疯狂试探”，把规章制度逼到了极限，他认为这不符合这些规则的宗旨。然而，贝利坚持认为金融行为监管局的监督工作没有任何不足。“我的确认为更多的是规则的失败，这就是我的看法。”他告诉委员会。

贝利并不是唯一一个对伍德福德的基金是否充分遵守了欧盟规则产生怀疑的知名人物。第二天，英格兰银行行长马克·卡尼出现在特别委员会面前，进行了更加深入的探讨。巧合的是，就在那一周，基金流动性问题上了新闻，起因是一家名叫 H_2O 资产管理的投资公司被投资者从一系列基金中取出了几十亿欧元，因为他们对富有争议的德国金融家拉斯·温德霍斯特所持有的某些流动性差的债券感到担忧。

这个能言善道的加拿大人非常小心，虽然他尽量不提伍德福德基金的名字，但很显然，他对基金流动性的评论直指那支被暂时关闭的基金。“这可是件大事。能看到发生系统性问题的可能性，”卡尼告诉特别委员会，“这些基金根本就是建立在谎言之上的，这个谎言就是你可以从那些本质上流动性很差的资产中获得日常流动性。这就导致人们以为投资基金和把钱存在银行差不多。”

现在，伍德福德为了拯救他的股权收入基金极力挣扎着。危机开始向耐心资本信托蔓延，因为伍德福德打算抛售的一些公司这两支基金均有持仓。从股权收入基金宣布暂时关闭起到7月底之间，该信托的份额价格暴跌了38%。而当耐心资本董事会透露出一则消息后，情况又恶化了——伍德福德抛售了他在信托中约60%的个人份额（价值约100万英镑），目的是支付个人税务账单。伍德福德称自己“不愿意卖掉”这不菲的份额，然而却悄悄抛售，直到三周之后才通知董事会成员。

伍德福德开始显得尤为脆弱。对手基金经理感觉他可能要翘辫子，于是嗅到了机会。许多金融城的基金经理找到信托董事会，表示如果他们决定开除苦苦挣扎的伍德福德的话，自己愿意提供服务。董事会则表示暂时不予承诺，以保留选择余地。

了不起的是，伍德福德还在坚持。

基金暂时关闭一个月后，那些在牛津郡办公室办公的人敏锐地感受到了冲击。虽然管理费还在源源不断地流进来，但这场危机让伍德福德和纽曼不得不告知近45名员工一件他们早就预感到要发生的事：裁员几乎是板上钉钉的事了。

第十一章

下午四点的解雇

一

10 月 14 日周一这天，伍德福德和纽曼从牛津郡来到了领克的伦敦总部，准备在下午四点钟与卡尔·米德召开紧急会议。这是一次将会决定伍德福德命运的会面。

近几周，领克与伍德福德之间的沟通频率减少了，只在 9 月底进行了简要的情况更新，当时伍德福德表示他正在抛售基金中最棘手的资产，并在组合中重新配置流动性更好的公司。对伍德福德而言，一切都在按计划进行，在金融城领克办公室开会只不过是例行公事，借机向领克提供他们需要的信息，以便将最新进展提供给金融行为监管局而已。

自从基金暂时关闭以来，伍德福德一直在竭尽全力将基金组合调整到健康状态，抛弃那些给基金招来这么多麻烦的流动性最差的公司。与领克的会面发生时，伍德福德将八成以上抛售低流动性公司股份所筹集的现金重新投入了一些英国大企业，例如英美烟草、英国电信和英国国际航空集团。

与米德见面前的那个周末，伍德福德和他的团队研讨出了一份展示报告，大致列出了自基金暂时关闭以来他们对组合作出的最大改动，尤其是他们如何提升了基金的现金水平，来作为应对重新开放时投资者赎回的缓冲。这份报告还详细展示了基金在那些较难出售的公司中的股份如何从 34% 减少到了 23%。

伍德福德并不天真。他知道领克随时可以逐步终止这支基金，但是他打算据理力争，主张这对投资者而言是最不利的做法，其他选项也应该在考虑范围内，比如延长暂时关闭期限或者继续重新配置组合。伍德福德认为领克不应断定股权收入基金的所有投资者都想赎回资金。

伍德福德还是以基金将在 12 月重新开放为前提继续工作着，并计划在接下来的几个月里举办一系列路演，来展示他对基金作出的一些改动。路演将会是伍德福德向那些曾向客户推荐过股权收入基金的金融顾问大军展示这只改头换面的基金的机会，也是估算解除关闭后资金的预期流出程度的机会。

伍德福德毫不怀疑基金重新开门时将立刻有几亿英镑退出，包括肯特郡议会持有的几百万英镑。但一些投资专家预计，等到暂时关闭被解除，最紧张不安的投资者完成止损后，基金中还将剩下约 6 亿英镑。

然而，伍德福德根本没有向领克作展示的机会。

当他和纽曼围坐在会议桌边谈论他们对基金的处理方式时，米德给了他们最后一记重击。这一下伍德福德和纽曼惊呆了。领克决定逐步终止股权收入基金，将资金返还给投资者。一直以来这都是最极端的那个选项，但伍德福德和纽曼从未料想到它真的会被采用。

清算基金的过程将意味着开除伍德福德。他手中的这支花了五年时间从零开始打造出来的基金现在被夺走了。伍德福德和纽曼已经没必要费力气在领克面前为自己辩护了。因为这是最后的决定。

长达一个小时的会议结束后，伍德福德和纽曼现身在离英格兰银行不远的格雷莎姆街，他们完全不知所措，对于接下来该做什么，公司还能不能存活下去，他们脑子里一团乱麻。

这件事一旦爆出来，几乎必将掀起另一轮媒体热议。

第二天早上，领克给投资者发送了一封公告邮件。与伍德福德的信念相去甚远的是，领克表示已经无法实现在 12 月开放基金。“虽然在重新配置基金资产方面已经取得了一些进展，但遗憾的是，这还不足以合理确定重新配置的工作何时才能彻底完成，以及基金何时才能重新开放。”领克在声明中表示。

在逐步终止的过程中，基金中剩余的资产将被分为两部分，一部分由容易抛售的上市股票组成，另一部分则由非上市和流动性极差的股票组成。领克委任了黑石集团（总部位于纽约的资产管理公司）来处理流动性最好的公司的抛售事宜。抛售流动性不佳的这部分股票则安排了 PJT 合伙公司来完成。

领克罢免自己的决定激怒了伍德福德，他用一句简短而生硬的话对领克的声明作出了回应。“这是领克的决定，对此我无法接受，我认为这不符合伍德福德股权收入基金投资者的长期利益。”他说。

自暂时关闭以来，股权收入基金赚取了几百万英镑的收入，没有了这只基金，留给伍德福德考虑下一步棋的时间已经不多了。

二

2019 年 10 月 15 日晚上，一群商业记者聚集在科芬园常春藤饭店楼上的一个私人餐厅里，他们都来自英国最具声望的新闻媒体。

这次活动的组织者是金融城最大的资产管理公司之一富达国际。这原本应该是财经圈文人们与富达国际的高层周旋，向他们询问投资相关问题的机会，诸如不断升级的中美贸易战以及悬而未决的英国脱欧等。

然而，对于这些靠在餐厅中间一个装饰艺术风格的吧台前，喝得底朝天的雇佣文人和投资专家们来说，那天晚上只有一个讨论话题：尼尔·伍德福德。

这些记者非常乐意找个借口喝几杯放松一下，因为他们花了大半天时间争相采访业内人士，询问他们对伍德福德被解雇的反应。几个晚到的人将餐厅楼梯顶端狭窄的门道塞满了，他们姗姗来迟的原因显而易见。伍德福德的故事将迎来最后的转折。

领克宣布罢免伍德福德在股权收入基金的经理职位后不到 12 个小时，伍德福德就提交辞呈，辞去了他在其他几只基金的管理职位。一切都结束了。

就当记者们准备坐下来用餐时，他们收到了一封邮件，是资深公关专员罗兰·克罗斯发来的，在这场持续的危机中他一直在帮助伍德福德团队管理沟通事宜。“我们做出了关闭伍德福德投资管理公司这一沉痛的决定，”

伍德福德在一项简短的声明中说道，“我个人对那些曾经信任伍德福德投资管理公司并投资了我们的基金的人们深表歉意，这些事件对你们造成了巨大影响。”

鉴于事件的戏剧性转折，对于一位二十多年职业生涯就此坍塌的基金经理而言，这句评述的确非常简短。这将是伍德福德作的最后一次公开声明。

10 月 16 日太阳还没升起时，伍德福德投资管理公司的员工就陆续到达了盖辛顿路，与公司的人力资源总监伊冯娜·波纳尔进行了一对一面谈。

“我们都知道要发生什么事。”其中一名雇员说。

前几个月，公司就与大部分合同工解了约。剩下的大多数雇员现在也当即被解雇了。此前被要求干完通知期的员工仍在家办工。只有一些职位更高的人员留下来帮忙照料，直到公司“寿终正寝”。

这样的结局对于伍德福德的忠诚员工而言非常残忍，在过去动荡不安的四个月里，他们坚定不移地支持着他们的老板，并且为了尽力拯救公司长时间工作。对于伍德福德的急速败落，他的员工和他自己一样震惊。有些人对领克的决定感到很生气，认为他们应该给伍德福德时间，让他在年底之前继续对组合进行改进。

“真正让人吃惊的是，领克几乎是胡乱按下开关的，”这位前雇员说，“如果尼尔在年底之前还不能交出满意的答卷，那他们的做法或许还说得过去。这只基金后来的下场证明了这没有给任何人带来任何好处。尼尔当时累死累活，就是想让基金再次开放。”

伍德福德递交辞职信后，领克宣布他仅剩的收入聚焦基金也将被暂时关闭。在伍德福德决定辞职之前的几周里，收入聚焦基金的资金流出已经稳定了下来，但是领克冒不起焦虑的投资者集体退出的风险，尤其是因为大部分资产都是非流动持仓。

就在领克已经想出了下一步该怎么做的时候，伍德福德的另一群投资者被困住了，正面临着焦急的等待。

在三个月的通知期里，伍德福德还将继续担任耐心资本信托的经理，随着投资者陷入恐慌并决定收回资金，耐心资本信托的份额价格也创下了新低。就在几个月前才承认正在与其他基金经理洽谈的耐心资本信托董事会，现在不得不加速实行寻找替补人选的计划。

三

2014 年，伍德福德自立门户时，无法想象他此刻的没落。

距离伍德福德宣布离开景顺控股的那天已经过去了六年，现在，他发现自己离开景顺创造的帝国，只剩下慢慢冷却的余烬。英国最知名的基金经理彻底完蛋了，他的名声已经损毁到了不可挽回的地步。

伍德福德已经原地踏步了四个月，但是这一切结束的速度之快，就连预测他很难渡过难关的一些市场专家都惊得目瞪口呆。

留给伍德福德的选择很有限，作为明星基金经理的他本身也一直是公司最大的品牌之一。“这件事对品牌的破坏力巨大，以至于他未来在零售市场做任何其他事情都会受到深远的影响，”投资平台 AJ. 贝尔的积极投资组合部总监瑞安·休斯说，“以后，人们在盲目相信某个人之前就会三思而行，也会认真思考‘明星’投资者这个概念。”

伍德福德的公司倒闭后，领克用了两个月来仔细清场扫尾，设法为他的收入聚焦基金想出一个解决方案，当时收入聚焦基金已经缩水至 2.53 亿英镑，较其一年前的峰值减少了超过 65%。12 月，曾与哈格里夫斯·兰斯多恩公司一起尝试拯救股权收入基金的阿伯丁标准投资公司，被宣布担任收入聚焦基金的新管理人。

2020 年 2 月，当基金重新开放时，新任经理查尔斯·卢克和托马斯·穆尔对投资组合进行了彻底改造。伍德福德的前十大持仓中只保留了两只。同时，耐心资本信托的董事会委任了施罗德来接手投资委托。

曾与伍德福德紧密共事的一些人对他深感同情。“对许多人来说这已经是穷途末路了，”一名雇员说，“媒体似乎把他写成了邦德恶棍之类的人。但事实是，他管理基金的方式并没有恶意。只是他根据主观判断作出的一些决定结果是错的而已。”

“由于这个投资组合很脆弱，流动性很差，正常情况下，原本只是周期性的业绩平缓期，却引发了恶性循环。基金经理表现不好是常有的事，但是一般不至于恶变为全国性的丑闻。”

那些从伍德福德职业生涯早期起就熟知他的人，也都难以置信。他们一路见证了这个前途无量、自命不凡的年轻人成长为英国最成功的基金经理，而如今他却成了傲慢的投机分子的代名词。伍德福德的基金管理公司让他和一小部分密友变成了大富豪，然而其他信徒却全都栽了跟头。

“我跟着他投了一些我的个人资金在他那里，”伍德福德在信托储蓄银行时的前老板伊恩·马歇尔说，“他曾经试图在两种截然不同的投资风格中复制相同的成功模式。但这很难。我所了解的他并不是一个傲慢的人，但他会重蹈覆辙或许是因为智识上的傲慢。

“他的处理方式似乎很糟糕。在收费方面我也很失望。不过，在我心目中，他是一个值得尊敬、勤奋刻苦的人。但他的行为并不如我所想的那样值得尊敬，对此我很难过。

第十二章

余波

一

马克·巴尼特在景顺控股从伍德福德手里接过来的两只旗舰基金不断地有资金流出，为了尽量堵住资金出口，他已经连续战斗了五年。

2014 年，这位四个孩子的父亲被授以大权，接手了一项艰难的工作，而他无法摆脱与前同事伍德福德的联系的事实，让事情变得更困难了。伍德福德从泰晤士河畔亨利镇离开后的多年里，巴尼特一直被媒体描述为他的门徒。巴尼特的表现被持续密切关注着，并被拿来与他的前辈作比较。

其中的原因显而易见。

巴尼特采用的投资方法与伍德福德大体相同，他的基金甚至继续持有着伍德福德在离开之前挑选的一些规模较小、流动性较差的公司。此外，他们还有其他相似之处，包括持有远见金融等一些业绩惨淡的公司。

伍德福德的商业帝国土崩瓦解后不久，巴尼特很快就发现自己也面临着一场日益严重的危机。投资者开始质疑他是否注定会遭遇同样的流动性问题。伍德福德的帝国崩塌后，景顺控股亨利镇办公室的情况也迅速恶化。

在过去四个月里，伍德福德一直是万众牵挂的焦点，那时他在努力拯救着他的旗舰基金。而如今，所有人的目光都投到了巴尼特的身上。

伍德福德突然宣布关闭公司的三周多以后，巴尼特的收入基金和高收入基金遭到了晨星公司的降级。该公司曾经也对伍德福德股权收入基金作出过相同的降级决定，那时分析师彼得·布伦特严厉批评了股权收入基金，现在，他又对巴尼特在小公司上的“大规模超配”表示出担忧。

截至 2019 年 9 月底，小型股和微型股公司在巴尼特的基金资产中占到了 30%。分析师开始担心他可能很难继续满足投资者的赎回要求，因为他的基金将很大一笔资金投资在了难以抛售的公司上。“虽然集团目前还能应对赎回，但是巴尼特在投资小公司方面的持续意愿给了我们担忧的理由。”布伦特当时说道。[69]

与此同时，巴尼特也在与严重的业绩问题作斗争。截至被晨星公司降级时的一年里，高收入基金的收益仅为 0.8%，落后同行业可比基金的平均表现近 10.8%。五年期收益为 2%，落后同类平均约 3.7%。

基金资产也在以惊人的速度缩减。巴尼特从伍德福德手里接手过来时，高收入基金的管理资产为 131 亿英镑，五年后缩减到了 61 亿英镑。收入基金的表现也好不到哪去，巴尼特接管控制权时，该基金的资产规模为 83 亿英镑，到了 2019 年 11 月，资产就减少到了 27 亿英镑。

晨星公司的降级成了压垮巴尼特的最后一根稻草——他必须彻底和伍德福德保持距离了。第二天，巴尼特给他的投资者写了一封信，试图淡化由晨星公司带来的忧虑，他告诉投资者，任何与伍德福德的比较都是“不恰当的”。[70]

“我的基金配置合理，充分分散，能够在投资者希望买进或卖出时生成流动性。”他在信中表示，并指出自己已经在管理基金的五年里将非上市公司的投资金额减少了近 5 亿英镑。“（伍德福德投资管理公司）发生的事件引起了投资者、媒体以及整个市场的热议，这是可以理解的。鉴于尼尔·伍德福德曾在景顺控股就职，并且之前管理过这些投资组合，人们将两者作比较或许是在所难免的。然而，在我的管理下，这些基金已经走上了截然不同的道路，我管理的投资组合是大异其趣的，这再怎么强调也不为过。”

巴尼特称，他的基金与伍德福德在其新公司管理的基金之间存在的重叠不超过 15%。在这封可以理解为在朝伍德福德开火的信中，巴尼特表示他遵守严格的合规要求，接受风险监督，并受到经验丰富的高级管理团队的监管，而这些正是促使伍德福德离开景顺控股开辟新径的因素。

“公司支持我作独立的投资决策，这没错，但我也是尽职尽责，而且也接受了充分的质疑。”巴尼特说。

然而，这还不足以让投资者吃下定心丸。

接下来的一个月，巴尼特被解除了爱丁堡投资信托的经理职位。他是在 2014 年从伍德福德手里接管这只信托的，但是超过三年的欠佳表现让他前途多舛。

养老金运作人苏黎世金融服务集团也给了巴尼特沉重一击，该公司将巴尼特的两只旗舰基金从他们的推荐名单中剔除了。公司表示，基金规模的不断缩减以及对巴尼特的流动性管理能力的担忧，是其作出该决定的主要原因。

随后的 4 月份，永恒收入成长型投资信托的董事会解除了巴尼特的管理职位，在此之前，他已经担任该职 20 多年了。董事会在多个场合表达了对巴尼特差劲表现的担忧，并称已经给了他充足的时间来扭转形势。但随着信托的份额价格在五年里跌去了一半，董事会决定开始寻找新的经理。

严重的资金流出最终让景顺控股忍无可忍。2020 年 3 月，公司宣布巴尼特将结束 24 年的任期，离开景顺控股。

二

金融行为监管局还没有很好地从伍德福德的溃败中恢复过来。

距离其宣布对导致股权收入基金暂时关闭的事件展开调查，已经过去了一年多，投资者还在等待着答复，也在等待着看到一丝他们已经吸取了教训的迹象。

在一些人看来，当伍德福德迷失在非流动性持仓，基金的风险已经变得远远超过投资者所听信的程度时，金融行为监管局玩忽职守，没有能够发现警示信号。

监管局遭到了金融城一些最有影响力的大人物的猛

烈批评，其中就包括保罗·迈纳斯，他曾担任基金管理公司的首席执行官，并曾在戈登·布朗的工党政府担任伦敦金融城大臣。

“这件事的背后是金融行为监管局，他们就像《重任在肩》里那帮穿着白色制服的人，也就是那些在损害已无法挽回时才赶到现场，却一脸茫然的现场勘查员。”他在股权收入基金被暂时关闭不久后告诉英国广播公司。[71]

“真正吃亏的是终端投资者。专业人士还好，监管机构会给自己两年时间来审查哪里出了错，所以同样的风险还是会继续发生，他们还是会放任基金经理将非流动性资产放在投资组合里当作流动性资产来对待这样。”

领克也因其在终止股权收入基金上的处理方式而饱受抨击，被指责以大甩卖的价格抛售了资产。在基金暂时关闭之后的那一个月，精品投行 WG 合伙公司被授予独家代理权，在市场上搜寻一群投资者来购买伍德福德在股权收入基金里建仓的一组生物科技公司。

WG 合伙公司必须在一月底之前完成销售，但他们却未能在最后期限内找到任何愿意购买这些资产的投资者。这为伍德福德创造了潜在机会，他开始与少数投资者以及金融城的熟人会面，讨论由他自己来抢购这些公司的可能性。

然而，这些会面最后都不了了之。2020 年 6 月，领克宣布已经与美国的阿卡西亚研究公司达成协议，以 2.44 亿英镑向其出售股权收入基金持有的约十九家医疗公司。然而，当有消息显示阿卡西亚挑选的其中一家公司为其净赚了 2700 万美元的利润后，人们立刻质疑这些公司中有一些被赋予的估值太低了。[72]

《城市线路》的一项调查显示，阿卡西亚以 210 万美元买入了埃沃费姆生物科技公司的股份，然后当天就以 2 930 万美元将这些股份出售了。阿卡西亚从伍德福德基金那里收购的米达科技制药公司为其创造了 75 万英镑的利润。

阿卡西亚的首席执行官对那些批评声不予理会，认为那很“愚蠢”。“当时只给出了一个价格，就是我们商定好的整个资产组合的价格。”他后来告诉《星期日泰晤士报》。[73]

该报进行的一项调查显示，在股权收入基金暂时关闭之后的一年里，投资者眼看着资产价值暴跌了 10 亿英镑，此后，媒体加强了对领克行为的监督。[74]

向被困在股权收入基金中的投资者支付款项仍在进行中。被套牢在股权收入基金中的储户于2020年1月，也就是基金暂时关闭六个月后收到了第一笔款项。据证实，黑石集团当时通过抛售基金中流动性最好的持仓筹措了约19亿英镑资金。

到本书付印时，投资者将会收到总额近25亿英镑的支付款项。但是要收到应得的全部资金，他们还面临着漫长的等待。领克表示，抛售基金中剩余持有的非流动性资产（价值约2.9亿英镑）可能要等到2021年底了。

逐步终止基金为那些参与进来的公司创造了丰厚的收入来源。根据股权收入基金的年报和账目，黑石集团承担抛售基金资产的职责所获得的报酬为近1 000万英镑。另外，领克还向PJT帕克希尔公司支付了320万英镑。提供专业法律支持，协助出售非上市资产的德普律师事务所也获得了250万英镑。[75]

三

伍德福德的败落发生之际，整个英国的基金经理已与严重的声誉问题奋力抗争多时。金融行为监管局于2017年进行的一项划时代的研究得出的结论是，英国大多数基金经理都未能取得与其征收的费用相匹配的业绩，投资管理行业也饱受着缺乏竞争的困扰，致使其成为全英国利润率最高的行业之一。[76]

由于持续上演的差劲表现（过去十年绝大多数选股人没能跑赢指数跟踪基金），投资者早已抛弃那些昂贵的基金，转而支持起了费用更低的跟踪主要股指（如"富时 100"或"标普 500"指数）的被动投资。[77]

其中，伍德福德的一落千丈，也于事无补。

2019 年，由选股人管理的投资基金被赎回了 320 亿英镑。晨星公司表示，诸如伍德福德的败落这类行业"污点"丝毫没能阻止资金流向被动型基金。[78]

一些人担心，在这个储户们被鼓励将更多资金投入股市来为将来做准备的时代，伍德福德的没落已经进一步严重损害了人们对英国基金管理行业的信心。"伍德福德投资基金的卖点是安全、可流通、可每日定价。但他最后却投资了不能每天定价的资产，"曾在大卫·卡梅隆的保守党政府担任养老金事务大臣的罗斯·奥尔特曼男爵夫人说，"令人担心的不仅是零售业的一个宠儿衰落了，还有客户的利益似乎被置于了这位人们完全信任的基金经理的利益之下。"

律师们迅速抓住了此次丑闻带来的潜在的诉讼业务机会，并且已经收到了来自伍德福德投资者的上千条咨询，他们想要伍德福德、哈格里夫斯·兰斯多恩公司以及领克正视他们的所作所为。

其中一家参与进来的律师事务所哈克斯·帕克代表8000名投资者，向领克发出了一封诉前信——这是诉讼程序的第一步。其实这两家公司渊源已久。2015年，哈克斯·帕克曾与领克的前身卡皮塔金融管理公司就其对崩盘的阿奇克鲁基金的处理达成了庭外和解。现在，至少有另外两家律所都在打着潜在案件的主意。

不管这个长期上演的传奇故事中的众多演员会面临什么样的法律诉讼结果，有一件事是可以肯定的：英国投资者近期不可能会欢迎伍德福德回归了。他的事业的溃败对他的声誉造成了极其严重的损害，以至于无法再考虑让他代表散户去管理资金了。

截至目前，伍德福德一直保持着低调姿态。不过有一些迹象显示，他正在试图以某种方式巧妙地回到基金管理行业。2019年12月有报告显示，他和纽曼乘飞机前往中国去估量当地投资者对于投资早期公司的兴趣程度。[79]此外，他们还在中东完成了类似的考察，然而这些试探性的会谈目前还一无所成。

最近，这对搭档在和君诺资本互通消息，这家精品投行在考虑低价买入股权收入基金中的部分资产。后来，君诺资本被迫发布声明，否认伍德福德和纽曼加入成为了其员工，并声明进行谈话只是为了了解他们的知识水平和专业技能。

投资者终将遭受损失，而伍德福德很可能一辈子都不用为钱发愁。伍德福德投资管理公司的账目显示，截至 2019 年 3 月底（即股权收入基金被暂时关闭的三个月以前）的一年里，伍德福德和纽曼给自己发放了约 1380 万英镑的红利，当时投资者已经开始取出资金，已经处在危机边缘。

自 2014 年公司成立以来，这对搭档总共豪赚了 1.115 亿英镑——这提醒了我们，共同创业期间，他们获利之巨。

至于伍德福德持有的一些更富有争议的资产是否能有好的表现，以及是否应该给他更多时间在 2019 年底之前彻底改造投资组合，时间会证明一切。至少，他的持仓中有一家公司引起了伍德福德以前的投资者的注意，那就是英国的生物科技公司西奈尔根。2020 年

7 月，这个在另类投资市场上市的公司，在宣布一项新冠患者治疗药物的试验结果后，其股价在一天内暴涨了 420%。这只股票就是几周前以低价抛售给阿卡西亚研究公司的众多股票之一，这意味着伍德福德的投资者丝毫没有享受到股价飞涨带来的好处。

2020 年 10 月，伍德福德重点投资的另一家公司牛津纳米孔公司宣布从投资者那里筹措到了 8400 多万英镑的新资本。在快速新冠病毒检测技术开发方面，这家生物科技公司一直是走在最前沿的公司之一。

已经有大量文章写到伍德福德自身应该对他的没落负多少多少责任。虽然在股权收入基金所遭遇的困难当中，有一些的确是由于他的投资风格的飘移所导致的，但是将责任全都归咎在一个人身上是不对的。

“就像苏格兰皇家银行与弗雷德·古德温的事件[1]一样，都是环境以及个人的傲慢自大等各种因素的综合作用，”SVM 资产管理公司的基金经理兼首席执行官柯林·麦克莱恩表示，“这只基金在推广的时候呈现给

---

[1]弗雷德·古德温曾是苏格兰皇家银行的CEO，2008年金融危机时，该银行因他的措施不力而破产。

投资者的就是规模大、成本低的投资机会，但原本可扩展性才应该是更加担心的事。”

在2014年创办新公司之前接受《每日电讯报》的采访时，伍德福德概述了26年的经验如何让他相信自己会成为更优秀的基金经理，以及他期望自己还将从业几十年。“世界上最优秀的投资者之一沃伦·巴菲特同时也是年龄最大的投资者之一，这对我来说一点也不奇怪，”伍德福德在采访中说，“但是基金经理往往频繁跳槽，早早就退出行业，这意味着他们常常把学到的经验教训抛在了脑后。”[80]

然而，人算不如天算，伍德福德提前被行业封杀了，他以一己之力征服英国零售基金管理市场的宏伟计划就这样一败涂地，并掀起轩然巨波。

事业轰然崩塌后，伍德福德是否能从断壁残垣中挽回名声，可拭目以待。然而，被套牢在他的基金中的几十万投资者，希望他能从这次丑闻中吸取教训，也希望被抛之于脑后的不会是他们。

资料来源说明

本书中所收录的大部分资料都来源于我对尼尔·伍德福德前同事进行的大量采访，在伍德福德始于二十世纪八十年代的职业生涯中，他们在不同时点与之共事过。

由于话题的敏感性，大多数采访都是在匿名的基础上进行的，以便他们可以畅所欲言，用他们的话来说，就是能在对伍德福德不为人知的兴衰故事的讲述中，发挥重要作用。虽然是匿名的，但他们的讲述并没有为了效果而夸大其词。

在此过程中，我遭到了很多人的拒绝。并不是所有伍德福德的前同事都愿意与我交谈，一些人表示，他的败落故事中已经没有什么可继续探究的了。我希望本书能够证明他们错了。

我在研究期间与乔·伍德福德进行了详细的交谈，如果没有她提供的信息，我不可能写出伍德福德的早年生活和事业。在有关其前夫在一跃成名，成为英国最知名的基金经理之一以前的生活方面，她提供了很多有价值的细节。

对《梅登黑德广告报》档案的深入探究，也帮助我挖掘出了伍德福德中小学时期在运动方面的成就。

在我对金融行为监管局以及哈格里夫斯·兰斯多恩公司在股权收入基金暂时关闭前夕所扮演的角色的研究当中，有一部分是由安德鲁·贝利和克里斯托弗·希尔向英国财政委员会发送的信件构成的。这些文件都是对外公开的。

在自己研究的同时，我也从一些财经记者同行们所做的大量报道中获益良多，他们对伍德福德事业的报道已经孜孜不倦地进行了许多年。凡是有引用到他们文章中的信息的地方，我均列示在了注释中。

撰写本书的最终目的是为了公平、公正地呈现2019年10月伍德福德的事业轰然倒塌之前的事件。

伍德福德并未看到本书的终稿。关于这个故事，我希望有一天他会准备好给出他自己的说法。到那时候，我也会准备好洗耳恭听。

致 谢

写一本书绝非易事。但幸运之至，我获得了无数消息人士的信息和支持，他们为了此书与我匿名交谈过。你们知道我说的是谁，万分感谢你们牺牲宝贵的时间协助我的研究工作，不拘时地耐心为我答疑，远程解惑。

我要特别鸣谢乔·伍德福德的倾力惠助，感谢她将自己的故事告知于我。另外，感谢伊恩·马歇尔、格雷厄姆·沃尔顿以及尼克·斯坦，感谢你们翻出几十年前的记忆，回想出尼尔·伍德福德在基金管理界闯出名堂之前是个什么样的人。我还要感谢梅登黑德文法学校曾经的教师加文·考文垂，他与我分享了有关伍德福德的体育实力的信息。

将大量存款委托给尼尔·伍德福德，并且还在等待答复和付款的投资者们，感谢你们允许我在本书中列出你们的经历。也感谢退休事务导师理查德·库克在这方面的帮助。

罗斯·奥尔特曼男爵夫人以及约翰·查特菲尔德·罗伯茨也很友善地分享他们的真知灼见。

非常感谢哈里曼出版公司的克里斯托弗·帕克，他论证了本书的可能性之后，找到了我。在写我的第一本书的整个过程中，他无限的热情让感到非常轻松，另外，他在内容完善方面的建议也让我不胜感激。

阿明·拉詹教授也是非常重要的参谋。

同时，我还要感谢《金融新闻》的施卢蒂·特里帕蒂·乔普拉、特里斯塔·凯利以及弗朗西斯科·格雷拉，感谢他们对本书寄予的厚望，惠允我在夏季休假，以便开展研究并着手写作。

然而，我最最感谢的，还是我的妻子塔拉，她以前从未听说过尼尔·伍德福德，但现在却可以说是其生活和事业方面的权威专家，因为在我的写作过程中，本书成了餐桌上的主要话题。

在我时常怀疑自己究竟能否实现最终目标时，她的鼓励、拥抱、咖啡以及坚定的支持让我坚持了下来。没有她，我根本不可能完成本书。

尾 注

1 “尼尔·伍德福德说道：‘好戏在后头。’”理查德·埃文斯（Richard Evans），《每日电讯报》（*Daily Telegraph*），2014 年 5 月 3 日

2 www.hl.co.uk/news/articles/archive/cf-woodford-equity-income-one-year-anniversary

3 “尼尔·伍德福德：不断电的赚钱机器”，布赖恩·米利根（Brian Milligan），BBC 新闻网站，2015 年 6 月 18 日

4 资料来源：肯特郡议会养老基金账户以及肯特郡议会发言人。2017 年 3 月 31 日投资价值为 316 607 000 英镑。2019 年 6 月 3 日基金暂时关闭时的投资价值为 2.376 亿英镑

5 “想寻找通往财富自由的阶梯，有一个人是领先之选”，迈尔斯·科斯特洛（Miles Costello），《泰晤士报》（*The Times*），2015 年 2 月 7 日

6 出生及婚姻档案

7 “投资没有科学性可言，就是要狂妄又谦虚”，艾梅·唐纳伦（Aimee Donnellan），《星期日泰晤士报》（*The Sunday Times*），2015 年 10 月 11 日

8 《梅登黑德广告报》（*Maidenhead Advertiser*），1971 年 2 月 19 日

9 同上，1977 年 11 月 25 日

10 “为何英国顶尖基金大亨尼尔·伍德福德要买入所有人都在抛售的股票”，霍利·布莱克（Holly Black），《每日邮报》，2015 年 10 月 14 日
11 出处同前
12 www.lloydsbankinggroup.com/who-we-are/our-heritage/timeline.html
13 维克托·伍德福德的遗嘱
14 “希尔·塞缪尔银行失去其交易员后，一个时代落幕了”，彼得·罗杰斯（Peter Rodgers），《独立报》（*The Independent*），1996 年 6 月 1 日
15 “一个常胜不败的天才”，詹姆斯·贝瑟尔（James Bethell），《星期日泰晤士报》，1994 年 9 月 25 日
16 “斯努奇退休了”，《独立报》，1994 年 10 月 19 日
17 “1993 年富人是如何变得更富的”，菲利普·贝雷斯福德（Philip Beresford），马修·林恩（Matthew Lynn），克里斯蒂·汉密尔顿（Kirstie Hamilton），《星期日泰晤士报》（*The Sunday Times*），1993 年 12 月 26 日
18 《一不做二不休：一场商业冒险》，彼得·哈格里夫斯，2009 年
19 “用世嘉游戏主机订披萨”，想象游戏网（IGN）员工，ign.com，1999 年 12 月 10 日（www.ign.com/articles/1999/12/10/order-a-pizza-through-dreamcast）
20 “别在‘三大巨头’上押注”，杰夫·普雷斯特里奇（Jeff Prestridge），《星期日邮报》，2000 年 3 月 13 日
21 “20 年来的互联网泡沫：‘感觉像是淘金热’”，詹姆斯·蒂特科姆（James Titcomb），奥利维亚·拉德加德（Olivia Rudgard）以及劳伦斯·多兹（Laurence Dodds），《每日电讯报》，2020 年 3 月 10 日
22 “阿斯利康老板大卫·布伦南因投资者施压辞职”，朱

莉娅·科勒威（Julia Kollewe），《卫报》，2012年4月26日

23 “承运公司斯托巴特集团的董事会纷争”，马克·威姆布里奇（Mark Wembridge），《金融时报》（*Financial Times*），2013年1月21日

24 “投资者对英国宇航系统公司愤怒有加”，大卫·奥克利（David Oakley），《金融时报》，2012年9月21日

25 出处同前

26 “伍德福德：行业在公司管理的参与方面很失败”，埃玛·邓克利（Emma Dunkley），《城市线路》（*Citywire*），2013年3月5日

27 “埃索石油公司老虎引发规划纠纷”，英国广播公司（BBC）新闻，1998年9月28日

28 “景顺基金因基金管理缺陷被罚1 860万英镑”，金融行为监管局通讯稿，2014年4月28日

29 “景顺控股巴尼特欲弘扬伍德福德留下的财富”，迈克·福斯特（Mike Foster），《金融新闻》，2013年10月18日

30 “安东尼·博尔顿：‘我对中国的判断是错的’”，布拉德利·杰勒德（Bradley Gerrard），《投资顾问》（*Investment Adviser*），2014年4月7日

31 “明星基金经理光芒褪色降低关键人员风险”，大卫·里基茨（David Ricketts），《金融时报》（*Financial Times*），2016年3月14日

32 资料来源于晨星投资分析平台

33 “保时捷、马匹……以及像邦德恶棍一样坐拥600万英镑的巢穴：盖伊·亚当斯（Guy Adams）调查尼尔·伍德福德，这个让储户无法取出资金的投资基金首席执行官”，《每日邮报》，2019年6月13日

34 “帕克斯曼陷入‘极不雅观的’马术中心规划纠纷”，安

妮塔·辛格（Anita Singh），《电讯报》2011 年 9 月 17 日
35 “奥克利资本：伍德福德新公司的幕后力量”，尼克·里夫（Nick Reeve），《投资顾问》，2013 年 12 月 19 日
36 “非上市资产有巨大的潜力”，尼尔·伍德福德，《投资者年鉴》（*Investors Chronicle*），2014 年 11 月 21 日
37 “有史以来规模最大的五次信托发行（伍德福德的除外）：如今何在？”，丹尼尔·兰尼恩（Daniel Lanyon），Trustnet.com，2015 年 4 月 21 日
38 “伍德福德收入聚焦基金——投资组合揭秘”，哈格里夫斯·兰斯多恩公司网站，2017 年 5 月 17 日
39 “保时捷、马匹……以及像邦德恶棍一样坐拥 600 万英镑的巢穴：盖伊·亚当斯调查尼尔·伍德福德，这个让储户无法取出资金的投资基金首席执行官”，《每日邮报》，2019 年 6 月 13 日
40 《星期日泰晤士报》2020 年富豪榜
41 “彼得·哈格里夫斯：最谦逊的亿万富翁”，Richard Wachman，《卫报》，2011 年 6 月 30 日
42 《一不做二不休：一场商业冒险》，彼得·哈格里夫斯，2009 年
43 《基金投资：财富积累的捷径》（Effective Investing: A simple way to build wealth by investing in funds），马克·丹皮尔，2015 年
44 哈格里夫斯·兰斯多恩公司给财政委员会主席的信，2019 年 6 月 18 日
45 www.fca.org.uk/publication/occasional-papers/ occasional-paper-30.pdf
46 “对尼尔·伍德福德的追踪调查”，哈格里夫斯·兰斯多恩公司网站，2018 年 1 月 9 日
47 “彼得·哈格里夫斯：尼尔·伍德福德‘没有说实话’”，

彼得·埃文斯（Peter Evans），《星期日泰晤士报》，2019年9月22日

48 《基金投资：财富积累的捷径》，马克·丹皮尔，2015年

49 “糟糕的‘冷核聚变’投资造成了伍德福德基金的倒台”，史蒂文·克里维特（Steven Krivit），《新能源时报》，2019年6月7日

50 《不可能的发明：关于冷核聚变的真相》，（An Impossible Invention: The True Story of the Energy Source that Could Change the World），马茨·莱万（Mats Lewan），2014年

51 “吸引了布拉德·皮特和尼尔·伍德福德的希望渺茫的科学”，卡齐姆·夏伯（Kadhim Shubber），罗伯特·史密斯（Robbert Smith），彼得·史密斯（Peter Smith），《金融时报》，2019年6月14日

52 法庭文件中提供的邮件

53 “尼尔·伍德福德与金融城小券商的长期联系”，卡特·拉特·普利（Cat Rutter Pooley），《金融时报》，2019年6月28日

54 劳资仲裁法庭判决，纳维·马利克和森科斯证券，2018年1月17日

55 www.fca.org.uk/publication/final-notices/capita-financial-managers-limited-/2017.pdf

56 www.linkassetservices.com/news/sale-of-capita-asset-services-to-link-group-for-888-million

57 伍德福德股权收入基金组合更新，2019年5月3日

58 尼尔·伍德福德博客：对远见金融的更新，2017年8月22日

59 “尼尔·伍德福德：投资者还会相信他吗？”，克利尔·巴雷特（Clear Barrett）和凯特·贝伊尔利（Kate Beioley），《金融时报》，2017年12月1日

60 “伍德福德指责批评声是在误导投资者”，彼得·史密斯（Peter Smith）和凯特·贝伊尔利（Kate Beioley），《金融时报》，2019 年 3 月 14 日
61 肯特郡议会退休基金报告及账目
62 伍德福德股权收入基金明细表，2019 年 5 月 31 日
63 “圣詹姆斯宫加强审查，伍德福德倍感压力”，凯特·贝伊尔利（Kate Beioley），《金融时报》，2019 年 5 月 24 日
64 安德鲁·贝利在“彭博观察”（Bloomberg Surveillance）中的亮相，2019 年 6 月 5 日
65 “克雷格·纽曼：处在伍德福德危机中心的沉默首席执行官”，大卫·里基茨（David Ricketts），《金融新闻》，2019 年 6 月 24 日
66 “伍德福德基金老板受重创，悄悄出售 1 500 万英镑房产”，大卫·拜尔斯（David Byers），《泰晤士报》，2019 年 8 月 2 日
67 “基金冻结四个月，伍德福德赚了 750 万英镑”，克里斯·纽兰兹（Chris Newlands）和塞缪尔·阿吉尼（Samuel Agini），《金融新闻》，2019 年 9 月 30 日
68 “领克对伍德福德非上市股票的估值倍感压力”，丹尼尔·格罗特（Daniel Grote），《城市线路》，2019 年 6 月 19 日
69 “马克·巴尼特基金因低市值担忧被降级”，晨星，2019 年 11 月 7 日
70 马克·巴尼特于 2019 年 11 月 9 日给投资者发送的一封信
71 “金融城监察员‘错失尼尔·伍德福德基金的警示信号’”，英国广播公司新闻（BBC News）在线，2019 年 6 月 7 日（www.bbc.com/news/business-48552660）
72 “揭秘：买方从伍德福德甩卖的股票中获利 2 700 万美元”，丹尼尔·格罗特（Daniel Grote），《城市线路》，2020 年

7月24日

73 “阿卡西亚研究公司为收购尼尔·伍德福德的生物科技公司辩护”，萨巴·梅丁斯（Sabah Meddings），《星期日泰晤士报》，2020年6月21日

74 “伍德福德：一年亏损10亿英镑”，阿利·侯赛因（Ali Hussain），《星期日泰晤士报》，2020年7月26日

75 2019年1月1日至2020年3月31日的股权收入基金年报及账目

76 金融行为监管局资产管理市场研究，2017年6月

77 “晨星表示，主动型基金的表现进一步恶化”，大卫·里基茨（David Ricketts），《金融新闻》，2019年9月10日

78 “2019年，选股人“污点”助力被动投资增长”，大卫·里基茨（David Ricketts），《金融新闻》，2020年1月24日

79 “在英国遭受冷落的伍德福德下一步动作是前往中国”，苏济·韦特（Suzy Waite）和卢卡·德保利（Lucca De Paoli），《彭博》，2019年12月18日

80 “尼尔·伍德福德说道：‘好戏在后头。’”理查德·埃文斯（Richard Evans），《每日电讯报》，2014年5月3日

专有名词中英文对照

（公司名、组织名、基金名、作品名等）

365 媒体集团（365 Media Group）
4D 制药公司（4D Pharma）

A
AA 集团（AA Group）
AJ·贝尔（AJ Bell）
阿伯丁标准投资公司（Aberdeen Standard Investments）
阿尔法基金（UK Alpha fund）
阿卡西亚研究公司（Acacia Research Corporation）
阿奇克鲁基金（Arch Cru）
阿斯利康（AstraZeneca）
埃克塞特大学（Exeter University）
埃索石油公司（Esso）
埃沃费姆生物科技公司（Evofem Biosciences）
爱丁堡投资信托（Edinburgh Investment Trust）
奥博集团（Ombu Group）
奥克利资本（Oakley Capital）

B
巴莱特开发公司（Barratt Developments）
北方信托银行（Northern Trust，
贝斯特投资公司(Bestinvest）
比切姆公司（Beecham）
必富达（Beefeater）
标准人寿投资（Standard Life Investments）
布里斯托尔城足球俱乐部（Bristol City Football Club）

C

查尔斯·斯坦利（Charles Stanley）
晨星公司（Morningstar）
城市线路（Citywire）
传承银行（Heritable）
慈善人工智能公司（Benevolent AI）

D

大英帝国司令勋章（CBE）
道明保险公司（Dominion Insurance Company）
德普律师事务所（Debevoise & Plimpton）
地方童子军组织（local scout group）
帝国创新公司（Imperial Innovations）
帝国烟草公司（Imperial Tobacco）
蒂斯卡里集团（Tiscali）
蒂乌塔（Tiuta）
电子疗法公司（e-Therapeutics）
多重经理人管理基金（Multi-manager funds）

F

基金史密斯股权基金（Fundsmith Equity）
弗斯安（Verseon）
富达国际（Fidelity International）
富达基金（Fidelity）
富达特殊情况基金（Fidelity Special Situations fund）
富时全股指数（FTSE All Share index）

G

高林斯特（Collins Stewart）
高收入基金（High Income fund）
高盛（Goldman Sachs）
哥伦比亚斯瑞尼德（Columbia Threadneedle）
格利特尼尔银行（Glitner）
葛兰素史克（GlaxoSmithKline）
个人储蓄账户（ISAs）
工业热力公司（Industrial Heat）
固特异马拉内罗法拉利挑战赛（Goodyear Maranello Ferrari Challenge）
顾资（Coutts）

管理收入基金（Managed Income）
国际证券交易所（TISE）
国民银行（Landsbanki）

H
哈格里夫斯·兰斯多恩公司（Hargreaves Lansdown）
哈雷·戴维森（Harley Davidson）
哈里曼出版公司（Harriman House）
航空训练总团（Air Training Corps）
黑石集团（BlackRock）
辉瑞公司（Pfizer）
汇丰银行（HSBC）

J
基准控股（Benchmark Holdings）
计算机服务公司（Compuserve）
《金融时报》（Financial Times）
《金融新闻》（Financial News）
金融大爆炸（the Big Bang）
金融行为监管局（Financial Conduct Authority，FCA）
景顺基金（Invesco Perpetual）
景顺集团（Amvescap）
君诺资本（Juno Capital）

K
卡皮塔金融管理公司（Capita Financial Managers）
《凯评论》（Kay Review）
凯姆斯（Kames）
康联首域集团（Colonial First State）
康诺收入基金（Connaught Income）
克伊普辛银行（Kaupthing）
肯特郡议会（Kent County Council）
空客公司（Airbus）
恐怖海峡乐队（Dire Straits）

L
莱特开发公司（Barratt Developments）
劳埃德银行集团（Lloyds Banking Group）
雷曼兄弟（Lehman Brothers）
雷诺兹烟草公司（Reynolds

American）
历德（Lidl）
立博（Ladbroke）
联盟思想公司（Allied Minds）
领克基金解决方案公司（Link Fund Solutions）
另类投资市场（Alternative Investment Market，AIM）
《龙穴》（Dragons’ Den）
绿叶清洁能源（Leaf Clean Energy）

M
《梅登黑德广告报》（Maidenhead Advertiser）
美国在线（AOL）
米达科技制药公司（Midatech Pharma）
密许康德雷亚律师事务所（Mishcon de Reya）

N
耐心资本信托（Patient Capital）
逆转录病毒学公司（Retroscreen Virology）
牛津纳米孔公司（Oxford Nanopore）

O
欧盟可转让证券集合投资计划（Ucits）
欧洲宇航防务集团（EADS）

P
PJT 合伙公司（PJT Partners）
PJT 帕克希尔公司（PJT Park Hill）
普罗瑟纳（Prothena）

Q
齐柏林飞艇乐队（Led Zeppelin）
旗舰投资基金（flagship investment fund）
汽油龙（Petroldragon）
千兆高清公司（Gigaclear）
切尔卡西亚公司（Circassia）
切尔西金融服务公司(Chelsea Financial Services）
切罗基投资合伙人（Cherokee Investment Partners）
全球绝对收益策略基金（Global Absolute Return Strategies）

R
瑞银（UBS）

S

SVM 资产管理公司（SVM Asset Management）

赛文投资管理公司（Seven Investment Management）

森科斯证券（Cenkos Securities）

沙宾纳庄园（Sabina Estates）

神童公司（Prodigy）

圣詹姆斯普莱斯财富管理公司（St James’s Place）

圣詹姆斯普莱斯财富管理公司英国高收入基金（SJP UK High Income）

施罗德集团（Schroders）

收入基金（Income fund）

收入聚焦基金（Income Focus fund）

水星欧洲私有化投资信托（Mercury European Privatisation Investment trust）

斯派塞和佩格勒会计师事务所（Spicer and Pegler）

斯托巴特集团（Stobart Group）

苏格兰皇家银行（RBS）

苏黎世金融服务集团(Zurich)

T

泰勒·温佩公司（Taylor Wimpey）

碳交易集团交易排放公司（Trading Emissions）

特种空勤团（SAS）

天空电视台（BSkyB）

《投资时报》杂志(Investment Times)

《投资者年鉴》（Investors Chronicle）

W

WG 合伙公司（WG Partners）

万奎斯银行（Vanquis Bank）

威科姆区议会（Wycombe District Council）

伍德福德股权收入基金（Woodford Equity Income fund）

伍德福德投资管理公司（Woodford Investment Management）

X

西北生物治疗（Northwest Biotherapeutics）

西奈尔根（Synairgen）

先机环球投资（Old Mutual Global Investors）
《闲暇》（Time Out）
信托储蓄银行（Trustees Savings Bank，TSB）
《星期日泰晤士报》（Sunday Times）

Y
亚马逊（Amazon）
耶和华见证会（Jehovah Witnesses）
英国成长基金（UK Growth Fund）
英国电信（BT）
英国广播公司电台（BBC Radio）
英国国际航空集团（IAG）
英国皇家邮政（Royal Mail）
英国宇航系统公司（BAE Systems）
英杰华集团（Aviva）
英美烟草集团（British American Tobacco）
鹰星保险公司（Eagle Star）
永恒公司（Perpetual）
永恒收入成长型投资信托（Perpetual Income and Growth Investment Trust）
《有效投资》（Effective Investing）
远见金融（Provident Financial）

Z
再生神经元（ReNeuron）
中国特殊情况信托基金（China Special Situations trust）
《重任在肩》（Line of Duty）
朱庇特基金管理公司（Jupiter Fund Management）
紫砖（Purple Bricks）
足总杯（FA cup）

专有名词中英文对照

（人名、地名）

A

埃尔茜（Elsie）

埃德温·鲁琴斯爵士（Sir Edwin Lutyens）

埃迪·斯托巴特（Eddie Stobart）

埃夫里尔·帕尔默-鲍纳克（Avril Palmer-Baunack）

埃里克·克拉普顿（Eric Clapton）

埃利奥特·利里（Elliott Leary）

埃玛·沃尔（Emma Wall）

埃塞克斯郡（Essex）

艾伦·达兰特（Alan Durrant）

艾伦·彭尼（Alan Penney）

安德里亚·罗西（Andrea Rossi）

安德鲁·贝利（Andrew Bailey）

安东尼·博尔顿（Anthony Bolton）

安妮特（Annette）

奥尔拉（Orla）

B

巴里·刘易斯（Barry Lewis）

保得利大厦（Portcullis House）

保罗（Paul）

保罗·法罗（Paul Farrow）

保罗·格林（Paul Green）

保罗·霍奇斯（Paul Hodges）

保罗·考泽（Paul Causer）

保罗·拉玛克拉夫特（Paul Lamacraft）

保罗·里德（Paul Reed）

保罗·迈纳斯（Paul Myners）
保罗·麦金纳尼（Paul McInerney）
鲍勃·麦肯齐（Bob Mackenzie）
鲍勃·耶伯里（Bob Yerbury）
比尔·塞登（Bill Seddon）
彼得·布伦特（Peter Brunt）
彼得·迪本斯（Peter Dubens）
彼得·哈格里夫斯（Peter Hargreaves）
彼得·克鲁克（Peter Crook）
彼得·琼斯（Peter Jones）
彼得·斯利普（Peter Sleep）
伯克郡（Berk shire）
布拉德·皮特（Brad Pitt）
布拉德福德（Bradford）

C

查尔斯·哈特（Charles Hart）
查尔斯·兰德尔（Charles Randall）
查尔斯·卢克（Charles Luke）
查尔斯·普赖斯（Charles Price）
查理·西姆金斯（Charlie Simkins）
常春藤饭店（Ivy restaurant）

D

达赖厄斯·麦克德莫特（Darius McDermott）
大卫·布伦南（David Brennan）
大卫·卡梅隆（David Cameron）
戴夫·朱布（Dave Jubb）
戴维·米勒（David Millar）
丹尼·考克斯（Danny Cox）
丹尼尔（Daniel）
丹尼丝·吉尔里（Denise Geary）
第五级（Phase Five）
登喜路（Dunhill）
邓弗里斯郡（Dumfries shire）
蒂姆·赖特（Tim Wright）

F

费尔斯特德学校（Felstead School）
芬格斯特庄园（Fingest Manor）

疯狂熊酒店（Crazy Bear）
弗拉维奥·布里亚托雷(Flavio Briatore）
弗朗西斯科·格雷拉（Francesco Guerrera）
弗勒兹（Flooz）
弗雷德·古德温（Fred Goodwin）

G
盖辛顿路(Garsington Road）
盖伊·弗莱彻（Guy Fletcher）
戈登·布朗（Gordon Brown）
格雷·史密斯（Gray Smith）
格雷厄姆·沃尔顿（Graham Walden）
格雷莎姆街（Gresham Street）
根西岛（Guernsey）

H
哈克斯·帕克（Harcus Parker）
哈普斯顿·伍德别墅（Harpsden Wood House）
海格洛夫庄园（Highgrove House）
海曼斯·罗伯逊（Hymans Robertson）
亨利镇（Henley）
霍兰（Hollands）

J
JT. 沃恩（JT Vaughan）
加德祖克斯（Gadzoox）
加文·考文垂（Gavin Coventry）
加文·圣约翰 - 希思（Gavin St John-Heath）
贾森·霍兰（Jason Hollands）
杰里米·帕克斯曼（Jeremy Paxman）
金顿·兰利野生动物中心（Kington Langley）

K
卡尔·米德（Karl Midl）
柯林·麦克莱恩（Colin Mclean）
科茨沃尔德（Cotswolds）
科芬园（Covent Garden）
克雷格·纽曼（Craig Newman）
克里斯·阿登布鲁克（Chris Addenbrooke）

克里斯・拉尔夫（Chris Ralph）
克里斯・马丁（Chris Martin）
克里斯・希尔（Chris Hill）
克里斯托弗・帕克（Christopher Parker）
克里斯托弗・希尔（Christopher Hill）
库克姆（Cookham）

L
L. C. 雷诺兹（L. C.Reynolds）
拉斯・温德霍斯特（Lars Windhorst）
莱思・哈拉夫（Laith Khalaf）
劳伦・鲍威尔・乔布斯（Laurene Powell Jobs）
乐富门（Rothmans）
李・嘉德豪斯（Lee Gardhouse）
理查德・巴蒂（Richard Batty）
理查德・巴克斯顿（Richard Buxton）
理查德・库克（Richard Cook）
理查德・特罗韦（Richard Troue）
琳达・鲍尔斯（Linda Powers）
卢蒂・特里帕蒂・乔普拉（Shruti Tripathi Chopra）
伦敦墙广场（London Wall）
罗布・摩根（Rob Morgan）
罗德尼・贝克 - 贝茨（Rodney Baker-Bates）
罗兰・克罗斯（Roland Cross）
罗斯・奥尔特曼男爵夫人（Baroness Ros Altmann）
罗斯・拉马克拉夫特（Ross Lamacraft）
骆驼（Camel）

M
马德莱娜・怀特（Madelaine White）
马丁・阿尔比布（Martyn Arbib）
马丁・怀布罗（Martin Whybrow）
马克・阿穆尔（Mark Armour）
马克・巴尼特（Mark Barnett）
马克・丹皮尔（Mark

Dampier）
马克·卡尼（Mark Carney）
玛格丽特·撒切尔（Margaret Thatcher）
迈克尔·劳埃德（Michael Lloyd）
麦克·考克斯（Mike Cox）
梅登黑德（Maidenhead）
梅登黑德文法学校（Maidenhead Grammar School）
米切尔·弗雷泽 - 琼斯（Mitchell Fraser-Jones）
默瑟（Mercer）

N
纳维·马利克（Navid Malik）
奈杰尔·施塔摩 - 史密斯（Nigel Starmer-Smith）
奈杰尔·托马斯（Nigel Thomas）
尼尔·伍德福德（Neil Woodford）
尼基·摩根（Nicky Morgan）
尼克·汉密尔顿（Nick Hamilton）
尼克·霍恩比（Nick Hornby）
尼克·马斯托（Nick Mustoe）
尼克·斯坦（Nick Stein）
尼克·维克斯（Nick Vickers）
牛津市（Oxford）
诺斯利小巷（Knowsley Close）

P
帕梅拉（Pamela）
皮卡迪利大街巴士（Piccadilly bus）
普瑞米尔酒店（Premier Inn）

Q
齐普赛街（Cheapside）
奇尔特恩村（Chiltern）
乔·马伦（Jo Mullan）

R
瑞安·休斯（Ryan Hughes）

S
圣三一教堂（Holy Trinity Church）
史蒂芬·克里维特（Steven Krivit）
史蒂夫·贝克（Steve

Baker）
史蒂夫·乔布斯（Steve Jobs）
史蒂文·哈里斯（Steven Harris）
斯蒂芬·惠特克（Stephen Whittaker）
斯蒂芬·拉马克拉夫特（Stephen Lamacraft）
斯蒂芬·兰斯多恩（Stephen Lansdown）
斯柯梅特（Skirmett）
斯劳（Slough）
斯努奇（Snurge）
斯塔德汉普顿（Stadhampton）
斯坦利·斯宾塞（Stanley Spencer）
斯托纳村（Stonor）

T

塔拉（Tara）
泰特伯里（Tetbury）
泰晤士河（Thames）
坦布里奇·韦尔斯（Tunbridge Wells）
汤姆·达顿（Tom Darden）
汤姆·麦克费尔（Tom McPhail）
特里·史密斯（Terry Smith）
特里斯塔·凯利（Trista Kelley）
特莎（Tessa）
托马斯·穆尔（Thomas Moore）

W

瓦伦丁农场（Valentine Farm）
万吉特·沃斯滕霍姆（Manjit Wolstenholme）
威廉·迪尔（William Deer）
韦斯特伍德·格林（Westwood Green）
维克托（Victor）
温布利体育馆（Wembley Arena）
沃伦·巴菲特（Warren Buffett）
伍斯特郡（Worcester）

X

西蒙·奥斯本（Simon Osborne）
西蒙·戴尔（Simon Dale）
西蒙·克拉克（Simon Clarke）
希尔·塞缪尔（Hill Samuel）

Y

伊恩·戈勒姆（Ian Gorham）

伊恩·马歇尔（Ian Marshall）

伊恩·特里夫斯（Ian Trevers）

伊冯娜·波纳尔（Yvonne Pownall）

伊克塞特（Excite）

尹恩·金（Ian King）

英国皇家空军美仁山（RAF Biggin Hill）

永恒园区（Perpetual Park）

约翰·查特菲尔德 - 罗伯茨（John Chatfeild-Roberts）

约翰·达菲尔德（John Duffield）

约翰·凯（John Kay）

约翰·拉尔夫（John Ralfe）

Z

沼泽门（Moorgate）

佐久萨哈（Saku Saha）